书山有路勤为径，优质资源伴你行
注册世纪波学院会员，享精品图书增值服务

Pearson

重塑零售
解锁新常态下的销售和盈利策略

[英] 伊恩·谢泼德（Ian Shepherd） 著

极光 王斌 译

REINVENTING
RETAIL

The new Rules
that Drive Sales and
Grow Profits

电子工业出版社
Publishing House of Electronics Industry
北京·BEIJING

版权贸易合同登记号　图字：01-2020-3453

图书在版编目（CIP）数据

重塑零售：解锁新常态下的销售和盈利策略／（英）伊恩·谢泼德（Ian Shepherd）著；极光，王斌译. —北京：电子工业出版社，2022.12
书名原文：Reinventing Retail：the new rules that drive sales and grow profits
ISBN 978-7-121-44560-6

I. ①重… II. ①伊… ②极… ③王… III. ①零售业—商业模式—研究 IV. ①F713.32

中国版本图书馆CIP数据核字（2022）第219990号

责任编辑：刘淑丽
印　　刷：三河市鑫金马印装有限公司
装　　订：三河市鑫金马印装有限公司
出版发行：电子工业出版社
　　　　　北京市海淀区万寿路173信箱　邮编：100036
开　　本：720×1000　1/16　印张：13.25　字数：172千字
版　　次：2022年12月第1版
印　　次：2022年12月第1次印刷
定　　价：66.00元

凡所购买电子工业出版社图书有缺损问题，请向购买书店调换。若书店售缺，请与本社发行部联系，联系及邮购电话：（010）88254888，88258888。
质量投诉请发邮件至zlts@phei.com.cn，盗版侵权举报请发邮件至dbqq@phei.com.cn。
本书咨询联系方式：（010）88254199，sjb@phei.com.cn。

这本书犹如行业警钟。本书观点清晰——如果企业不能意识到它们需要根据消费者的情况来设计组织的每个部分，那么企业终将垮掉。但是，并不一定非要落得如此结局，作者提供了一套实际的方案来帮助零售企业在瞬息万变的时代蓬勃发展。

——屡获殊荣的首席营销官、学者和作家　杰兰特·埃文斯博士

伊恩·谢泼德在分析不断变化的商业版图后得出的远见卓识，为今天的零售企业带来了一揽子实用性强的参考方案。这不仅是一本必读书，还是令人振奋的解决方案工具箱。

——Calliope Gifts董事兼总经理，Borders UK前CEO　菲利普·唐纳

作者将数十年积攒的关于消费者策略的经验都展现在本书里了。

——独立的客户关系管理和消费者参与专家　克莱尔·艾尔斯

不想在零售史中成为注脚吗？那么，你必须了解如何在新常态下生存。伊恩·谢泼德的解决方案基于技术、消费、市场和消费者的变化，建立敏捷、响应迅速的组织，这些组织不仅是为了生存，还要蓬勃发展。作者提供了易于理解的蓝图，帮助零售企业利用优势，避免被劣势所困。它可帮助你仔细考虑策略，然后在执行过程

中提供支持。对于想在零售行业有所作为，而不仅仅是在当今瞬息万变的市场中生存的人来说，这是必不可少的一本书。打开本书，你就能够找到让你的企业蓬勃发展的方法。

——雷丁大学亨利商学院名誉院长，曼彻斯特商学院名誉教授，

Good Growth主席　克里斯托弗·伯恩斯

这里有很多策略。每种策略在书中都以完美的节奏呈现出来，读者既可以吸收新思想，又可以多角度思考他们的策略，从而汲取宝贵经验。

——畅销书*Smart Retail*作者，Uncrowd联合创始人　理查德·哈蒙德

致　谢

我很幸运，在我的职业生涯中，能遇见这些耀眼的智者，并将他们事业上的真知灼见和趣闻轶事记录在本书中。感谢在消费者与零售业务领域一同成长的员工，也感谢其他行业的领导者和我分享一路上的拼搏故事。我还要特别感谢贾斯汀·林格和他的梭子鱼网络科技企业，他们的零售网络活动为零售行业的精英们提供了绝佳的交流平台。

感谢埃洛伊斯·库克和培生的强大团队，他们帮助我梳理思路、整理心得，最终付梓成册。

布丽奇特和我的孩子们——杰米和卡拉亦对本书有贡献。零售行业的领导力是如此重要而又迷人，以至于我们怎么重视都不过分。我永远感激这些年来家人给我的力量。布丽奇特，她从经济学家的角度提供了鞭辟入里的见解，如果各位读者翻读此书，发现偶有精彩之处，那可能就是她的贡献。

引 言

为什么出版这本书

本书诞生于2012年1月某天的凌晨两点左右。我和我的团队就我经营的零售企业的发展，与银行进行了长达18小时的谈判磋商。之后，我从一家律师事务所的办公室踉跄走出，才突然意识到错过了地铁的末班车。彼时，我在离家千里之外的伦敦。

最后，我们的谈判没有成功。在9个国家有着上万名员工的一家英国零售企业，不得已面临倒闭。

那晚，除了思考到底该怎么回家，占据我脑海的就是这场谈判不应该以这样的结局惨淡收尾。于供应商、债权人、股东、投资商以及服务这家企业多年不得已拿着裁员补贴离开的人们来说，一家企业的倒闭，似乎是生命不能承受之重。

为了使雇员们老有所养而经营好企业，所有零售行业的同仁们责无旁贷，而我和我的团队曾经没有完成使命。无数同仁寄希望于经济好转，然而事实上，我们的业务早就难以跟上不断变化的消费者需求和市场环境。

在某个清晨的一瞬间，我意识到我们本可以从一开始就避免陷入败局。为适应新经济环境，努力重塑零售行业，不管是成功的经验也好，失败的教训也罢，都值得我们探究学习。

在过去的几年里，我们亲眼见证了很多类似企业的失败，历史悠久的大品牌消失在繁华的商业街，即使有幸存活下来，业务体量也大为削减。这些案例中隐藏的上万个故事，都与我的经历有着相似之处——那些努力寻找出路的管理层、神经紧绷的董事会，还有由希望到失望的投资者和供应商，以及那些在行业上下游工作并承担损失的人们。

如果你没有自己的想法，以经济学家的观点看待这一切，那么它会诱使你得出一个结论，这一切不过是自由市场的象征罢了。老式企业退出市场，新式企业涌现，科技不断更新迭代，由此也推动着消费者需求的变革。

从宏观经济层面上看，的确如此，但如果身处零售行业的我们也这样认为——就应该无所作为，让老牌企业不战而败，那么我们会犯下一个可怕的错误。如果因为技术变革和消费者需求进化，这些企业跟不上，那就让它们退出舞台吧，但是我们没有理由认定这些企业是由于不能与技术和消费者需求共同变革而抓不住机遇。事实上，这种共同变革没有造成市场混乱、企业巨变，甚至品牌消亡。毫无疑问，温和的方式对市场经济更有利。

零售行业的新世界

究竟是什么驱动着零售行业的剧变？

简单地说，世界已然不是20年前的那个世界。变革不仅改变了消费者购物的渠道，也改变了消费的选择——买什么，在哪里买。

科技是这场变革的关键推手。一方面，互联网创造了一个包容万象、鱼龙混杂的信息时代；另一方面，智能手机和计算机技术的革命也让我们无时无刻不处在这样的信息时代。

这场变革给零售企业和以消费者为导向的行业带来了挑战。在此期间，零售领域的各个品类都不止一次地见证了游戏规则的变化。后起之秀对老牌企业的业务造成威胁，甚至有摧毁之势——现代商业的悲剧，影响着成千上万的同行和数以百万计的客户。

要让新时代的零售企业生存立足而后繁荣发展，我们迫切需要了解变革之下如何经营好消费者业务，消费者到底如何改变行业游戏规则，这也是本书的使命。

我认为，技术变革在两方面改变着消费者的生活方式，每个方面都对零售行业的成败有着至关重要的影响。

一方面，技术变革的直接影响，也称一阶影响，就是改变我们的行为方式。我们可以在线订购产品、远程学习、探索世界。在生活中、在企业里、在任何地方，我们都能看到这些一阶影响。技术让我们不再将视野局限在本地市场，而是拓展到全球，从采购到进账，技术影响着企业的方方面面。

二阶影响同样值得一提，它影响着我们看世界的方式，让我们开始关注技术变革如何改变世界。从生物学上讲，我们和穴居的祖先并无二致，但是，现在的我们像是万能的，影响着世界，我们可以实现跨洲交流，我们可以获取大量的信息。现在的我们不仅可以运用科技来教育、保护和充实自己，还能休闲娱乐，互相发送"撸猫"视频。不难理解，我们正以前所未有的方式响应周围的变化。

以买冰箱这个简单的任务为例。以前，我们从一家店到另一家店，不停比对规格和价格，一路上耗费不少时间和精力，最后的结果要不就是找到了最优解满载而归，要不就是兴趣索然，随手带走一台回家。我们的选择往往很有限，不仅受限于逛到的商家数量，还受限于光临的那家店是否恰好有存货。

而现在，我们不仅可以在网上收集需要的所有信息，选货、下单、收货，一气呵成，更重要的是，如前文提到的技术变革带来的二阶影响所说，我们还可以在世界范围内阅读用户评论和分享使用感受。只需在谷歌一键搜索"冰箱"，就会收到数百万条信息反馈——来自每一个零售企业推荐的可靠产品。在很多方面，买冰箱变得简单化，但当我们指尖上有那么多信息时，挑选过程也较以前更复杂。

新常态

消费者行为的剧烈变革是零售行业过去20年不断变化的根本原因，企业现在运行的"新常态"正是社会和科技改变商业规则后的要求。

> 企业如何寻找消费者，如何做大做强，消费者选择何种产品，甚至产品如何研发及进入市场，这些与以往已大不相同。

在日常正常的业务运行中，不难看到现实生活中正在变化的表层现象，但越来越多的是连锁反应，它的发生不以人的意志为转移，一方面威胁到旧有的企业，另一方面也创造了大量新机会。

以电子商务为例，现在消费者能在网上买到一切产品和服务，这是过去20年最明显的变化之一。就像上文提到的买冰箱的例子一样，这种变化给所有企业都带来了直接的现实挑战：

- 建立、运营能够满足消费者需求的网站。
- 借助其他更大的网站（类似虚拟购物中心的平台）来运营业务。
- 设计供应链，以便保持适当的库存和提供配送服务。
- 必要时，整合以上资源，让现有实体店转向线上，实现数字化经营等。

到目前为止，成果还不错。十多年来，数字化策略一直是电子商务和全渠道零售行业发展的重要推手。迟迟没有发现新机会的人退出了市场，而对市场敏感的人则活了下来。崛起于电子商务发展的早期，能够快速瞄准消费者需求的零售行业从业者，脱颖而出成为行业新巨头。

不过，直到现在，零售企业才开始与网络零售带来的连锁反应展开较量。技术变革带来的二阶影响，改变了消费者的生活方式，决定了他们从哪个品牌购入产品。这些二阶影响，为你的零售生意带来的挑战如下：

- 如果你的同类产品可以在网上销售，你如何与几十个新进入市场的友商同台竞技？消费者如何区分你的产品和竞品？

- 除了更低的价格，有没有其他方式让自己的产品在网络上与众不同？如果没有，你是否注定要按成本价卖东西？

- 假使你的产品在线上不太容易获得可观的销量（艺术品、衣服、鞋子或具有高级设计感的产品），你是否留意到相应的消费者行为的变化？

- 你如何管控一个品牌的诞生路径？如何通过社交媒体剖析品牌营销策略？当传统营销渠道变化得超过你的认知时，你如何做好品牌口碑？

- 零售企业的实体店将何去何从？只能靠昂贵的陈列柜吸引消费者吗？它们能否与高价值消费者建立联系，从而在消费者服务中发挥作用？在构建新兴电子商务渠道时，忽视传统实体店，让它们显得呆板无趣，这又是否存在外部危险？

那些真正繁荣发展的企业都在积极思考新常态的含义和根本要素。通过本书，我们将看到，世界顶尖的零售企业如何寻找与消费者沟通的新方式，如何打造娱乐实体店的多渠道服务核心。像英国的巧克力酒店和化妆品品牌Lush那样的成功案例，为我们提供了广阔的思考空间。

未雨绸缪，我们需要考虑如何对周围的新世界做出最有价值的回应。

新常态下的规则

要理解这种根本性的社会变革，有必要以小见大，将这些变化拆解为小块的个体来观察，或者以规则为切入点，制定业务策略。在此，本书总结出新常态下的几点规则，这些规则在20年前不一定正确，但当下正合适，如下所示：

1. 有人正以成本价或更低价兜售同类产品；

2. 当秘密人尽皆知时；

3. 品牌声誉决定业务成败；

4. 地理位置仍重要，作用方式大不同；

5. 了解消费者是制胜法宝，像无头苍蝇那样乱撞不会善终；

6. 如果产品或流程的渠道可以简化，那么必须简化。

在接下来的篇幅中，我们将深入研究以上每条规则，理解它们为什么正确，而后我们又该如何做。

有些规则是一阶影响在社会和科技上的直接反应，如互联网的发展、无处不在的智能手机。

还有一些规则是不断进化的消费者需求带来的。面对超过自身处理能力的信息，较之以前丰富的可购产品和购物场地，都能使我们陷入购物矛盾，产生选择困难症。一方面，我们拥抱新技术，寻找、研究、比较产品和服务的方方面面，这在20年前简直难以想象。另一方面，我们回归社群动物的本能，像以前那样，向周围寻求意见和肯定，拥抱群体的智慧。

当我们看到消费者接纳网购产品评论时，这种矛盾的行为显示得淋漓尽致，正如上文提到的买冰箱案例。我们选择信任一个来自世界另一处的陌生人写的三两条产品评论，并且觉得这些评论有助于缩小眼前的选择范围。

> 我们怀着饱满的热情，用先进的技术在全球范围内网购，但是购物方式本质上和200年前在乡村市场一样。

任务：生存

每条规则都蕴藏着惊人的潜能，对于老牌零售企业来说都是重大的挑战。超市或电商带着扩张市场的欲望，以较低的产品价格发起攻势，击败在过去几十年里辉煌的老牌零售企业，使得它们黯然退场。我们可以看到，老牌零售企业业务模式不仅受到来自新竞争者的挑战，还受到来自更懂新生代消费者的自由互联网的冲击。大量初创企业如雨后春笋般涌现，抢夺你的客源，瓜分本属于你的利益，赚得盆满钵满，然后把残羹冷炙留给你，或者只是取代你曾为消费者提供的某项服务，深耕细作，以此来削弱你的盈利能力。这些例子在本书中比比皆是。

在过去的几十年里，世界科技和商业领域风起云涌，只有为数不多的企业获利，成功发展为强势品牌，不得不说这是变革的一大悲剧。老牌零售企业被现有的流程束缚，害怕变革的风险将积累的资产吞噬，疲于满足股东的短期目标……或者坦率地说，就是它们不够聪明灵活，止步不前。一个缺少品牌识别度的初创企业，没有消费者资源，甚至没有钱做营销推广，却能打败市场的领头羊，这就说明新玩家们从一开始就有一脚定乾坤的能量。

但是，商业史还告诉我们，变革即机遇。前文所述每条规则都蕴藏着大量机会——寻找新消费者，解决现有市场的问题，甚至推翻旧的市场机制，创建全新的市场机制。在本书中，我们将探索、理解和讨论这些规则以及它们的实践指导意义，然后我们才能找到蕴藏的机会，制定方案，把握住机会。

让初创企业熠熠生辉的机会，从来不是自己主动找上门的。重塑零售行业，那些昔日市场的领导者们，没有人比你们更了解如何做好这件事。所以，是时候拿起武器战斗，重新夺回主导权和市场领导地位。

本书结构

新常态下的每条规则都与变革相关。消费者、规则制定者、市场和技术都在不断发展，对于成熟的零售品牌来说，挑战和机会并存。本书的余下部分，我们将探索，为最大限度地利用变革中的转机，企业如何扔掉历史包袱，摒弃保守主义，克服对变革的恐惧，重新整装待发。我们将从金融、技术和人为因素探究守成者失败的原因；我们还将研究如何充分发挥优势，扬长避短，而不是被弱点掣肘。

本书第一部分，我们主要讨论新常态下的规则，只有深知世界的变化，我们才能制定策略，夺得市场领导地位。在这一部分，我们探索规则形成的原因和深刻的含义，借用智慧发展策略，赋能企业立足于世。我们还从现实案例出发，了解世界上领先的零售企业因忽视新常态下的规则而遭受了哪些损失，剖析其他零售企业如何改革，在新玩家的阻击下，成功打赢保卫战。

新常态下的规则提出的目标极具实操性，它能够提供新工具，为企业制定正确策略提供依据，方便企业在着手应对消费者环境变化时快速形成正确的反馈机制。

本书结构张弛有度，每一章介绍完行动方案，都会留足思考空间，让读者能够时不时地停下来，认真思考某个问题，而不是等到结尾才仓促拿出一串庞大的清单让读者消化。书中以讨论指南或问卷的形式提供了一些练习，方便你与团队一起挖掘主题，某些练习可能因缺乏业务所需的资料或技能，所以操作起来会感到有些棘手。但总的来说，这些练习能够为你和团队在新常态下尝试制定高效策略提供有益的帮助。

在本书的第二部分中，我们将从制定策略切换到付诸实践。知易行难，相比完成"我们应该做什么"这一最容易的书面任务，回到现实问题，面对变化，实现过程要困难得多，我们需要更强大的勇气。

灵感的来源

为迎接挑战所提的策略的灵感有些来自其他行业。不仅是零售和客户服务业，甚至是电信和付费电视等工业界行业（后者在搭建消费者关系的方法上与前者非常不同），我都有幸获取一手资讯。

尽管有差异，但也有相似之处，我们可以从不同领域汲取经验。他山之石，可以攻玉，这些内容同样可以在本书中找到。

我们有足够的理由保持乐观心态，因为在零售行业，我曾亲眼所见，当品牌接受新常态的经验，拥抱新消费者时，这些消费者反馈的积极能量。

但是，我也目睹过品牌不能顺势而为遭受的苦果，更有甚者，在竞争中出局，失去消费者，铸成最终的失败。

在后者的故事里，一个历史悠久的零售品牌消失在繁华的商业街道和消费者的记忆中，过去10年中不乏这样的标志性事件。让股东、客户和成千上万名老雇员失望，这无疑是我们最不想看到的结果。

从我毕生耕耘的消费者行业从业经验里汲取养分，拯救零售行业于危难之时，助力昔日辉煌的零售行业再次腾飞，这便是我写《重塑零售》一书的使命。

目 录

第一部分

新常态下的规则

01

第一章

规则一：有人正以成本价或更低价兜售同类产品

新常态下的第一条规则毫无意义，果真如此吗？竞争对手如何涌现并能大规模地打击传统零售企业？管理学教科书谈到资本回报率时，总提到"无利不起早"，面对不能盈利的企业，没有人愿意持续经营下去，更不必说逐年增加投资。这种明显违背常识的事情，却发生了一起又一起。

这种低利润价格战的存在有如下几点原因：

- **竞争对手的售价不太可能低于他们的成本，但低于你的成本**。他们的成本可能很低。这里最明显的例子就是只有网店渠道的电商，他们的崛起是为了与传统的商业街守成者竞争，因为没有日常运营实体店的开支，所以他们有能力降价销售。

- **竞争对手可能别无选择，不得不低价出售**。传统"纯粹"零售企业往往纠结于是专注消费者服务（毫不奇怪，因为他们有店员）还是产品质量。网购的消费者看一眼价格就能轻而易举地挑选出最便宜的店购买东西，这给电商从业者带来巨大的压力，要么以最低价售卖产品，要么退出市场。

- **竞争对手能以成本价出售你的同类核心产品，因为这类产品对他们来说不是最重要的。** 在过去20年里，超市引入了许多新产品类别，包括手机、视频游戏等。在这种情况下，这类产品定价较为优惠，因为超市希望借此吸引消费者选购新产品的同时购入其他杂货。

- **竞争对手在"放长线"。** 大体量的零售企业拥有庞大的消费者资源，如果它们在竞争中笑到最后，就会出现赢家通吃的结局，所以这些电商从一开始就以成本价售卖产品，长此以往，拖垮传统零售企业。这场游戏很危险，制胜的前提是拥有足够的资本、无限的耐心和先进入游戏的时机。

价格战最生动的例子当属在一些行业中出现了比价的网站。在本书的下一章你会看到，这些行业如何隐藏定价的把戏，创造一种"不管三七二十一，只要我最低"的市场环境。但不管根本原因是什么，一旦比价文化形成，竞争就会比往日更加白热化。

根据单个图表比较品牌价值或者消费者服务质量，远比直接比较价格困难，最终消费者会不可避免地落入俗套，根据眼前看到的价格做出选择。当同一行业里的多个供应商售卖的产品雷同，或者相似度高到难以区分时，这种现象就更易产生。

为什么你的竞争对手（或者以前不是竞争对手，但突然售卖你的同类产品的商家）要以成本价销售产品？答案并不重要，他们现在这样，以后仍然会这样。即使那个多次低价售卖你的同类核心产品的电商不讲信用，最终破产，另一个电商也会马上使出同样的伎俩。

所以我们才得出新常态的第一条规则：有人正以成本价或更低价兜售同类产品。

☑ 忽视这个现实非明智之举

忽视上述现实，只会给你的企业帮倒忙。或许你能接受一群没有市场地位的零售企业为争夺市场，而引发恶性竞争，但是你绝对不能说你看不见这些问题。

> 如果你认为市场上只是存在这样一小撮普通竞争对手，觉得这就是你重新定义的市场，就意味着在这场新游戏里，你正把源源不断的消费者拱手让给新玩家。

我曾经有机会向一家零售企业的管理团队提问，这个团队经营着一家历史悠久、业务遍及多个国家的企业，拥有一些精心设计、良性发展的实体店。这家企业在某种程度上看好互联网，而且在多个国家都推出了线上业务。它们的产品线集中且清晰，消费者群体稳定，关系维护得当。

我问的问题很简单——它们的市场份额有多大。

答案似乎耐人寻味。不可否认，无论获取信息的方式如何，获取信息这一过程并非易事。管理团队没有密切关注竞争对手或消费者购买行为变化趋势的习惯，这对于任何企业来说，都是一个危险信号。

根据我在职业生涯中的发现，市场份额报告与企业成败有着很强的关联性，胜出的企业往往都能做出简洁明了的市场份额报告，常供企业研讨和参考。当然，诸多方面的因素也会导致市场份额报告有时发出错误信号，例如，过分关注市场份额会导致企业陷入价格战。但过分关注任何单一的关键绩效指标（Key Performance Indicators，KPI）都是如此，这也是为什么强大的企业使用一套"平衡"衡量指标，在这套指标内，市场份额仍然举足轻重。你的消费者是选择与你还是你的竞争对手交易？你的市场推广活动究竟能否为你赢得市场？

提高市场份额不外乎是实现一种"转移"，让选择竞争对手的消费者转而投奔你。在完全竞争市场如手机行业，企业为了达到这一目的，通常会制定强大的市场营销策略，甚至具体到针对竞争手的消费者的促销活动。

然而，在不同行业，推动市场份额上涨的最佳方式可能不尽相同。在电影业，吸引经常光顾你影院的会员与让竞争对手的会员转而投奔你的影院相比，前者容易得多。通过提升现有消费者的访问频率直观地增加了你的市场份额，是因为你做"馅饼"的速度比其他人更快。因此，当直接转换赛道不是最好的战术时，请重点关注市场份额KPI。

📄 行动方案

就市场份额这一话题，你和你的团队可以开始讨论突破策略和一些关键问题：

- 你的企业有一套统计市场份额的方法吗？

- 它的统计频率和数据可靠性如何？

- 以提高市场份额为具体目标，你的企业做了哪些有关决策的案例？

- 你想让消费者从竞争对手那里转而投向你的怀抱，还是让你现有的消费者频繁地光顾？

- 上一个目标成功了吗？你如何评估这一过程？

- 作为额外的加分项，你如何在当地或区域市场上衡量你的市场份额？

希望这个行动方案练习对你非常有益。

如果从你的业务分析中能够得出精准的市场份额信息，并且这些信息在交易决策和策略制定中扮演着重要角色，那么这将对你十分有益。

如果没有，你就应该花一些时间与团队思考，如何收集这些信息。比如，是否有行业协会可供订阅参考信息？大型市场调研企业是否有相关的跟踪系统？又或者你能否通过直接调研，得到自己的一手信息？

还有一些中性信息值得关注。某些市场份额信息具有时效性，例如，季度报告有一定价值，但对实际交易决策影响不大。这里存在一个"洞察陷阱"，某些信息看似有用但不具备实际意义，如果你不想掉进这样的陷阱里，不妨纵深打磨你的洞察能力。

另外，除了有助于制定短期交易策略，市场份额分析之所以重要还有另一个原因——它将你和消费者每天、每周的真实行为关联起来，让你清楚地了解消费者——到底你的消费者是同一类人，还是他们处于各具不同行为方式的细分市场。

最后，当你意识到消费者行为和细分市场一直随着时间的变化而变化时，你就能从详尽的市场份额和规模分析报告中判断出长期趋势。

曾与我合作的某个零售团队，他们把报告交给我，向我证明了市场份额分析更具策略性的一面。这份报告不仅反映了企业的重要信息，同时还呈现了两三个友商的发展状况，报告上还显示着刚进入市场的超市，它们已经开始销售同类产品。

但是报告上缺失了一名重量级参与者——亚马逊。

我问他们，这个世界上最大的在线零售企业，与我们销售着同类产品的亚马逊，一个兼具创造性与竞争力的企业，为什么没有出现在报告里。答案是惊人的："好吧，我听说，亚马逊在以成本价卖我们的同类产品，没有可比性，所以我没有把它列入报告。"

关于这个问题，我们聊了很久。我越是深入研究，得到的答案就越清晰。这个零售团队认为亚马逊（或者说其他电商）是商业欺诈，因为它们销售的产品价格比我们低，而且常常比我们在批发市场上向供应商支付的价格还便宜，每天或每周都研究它们的市场行为毫无意义。

某种意义上讲，它们并不能代表市场上可供参考的某个参与者，相反，它们代表了一部分消失的市场——永远消失了，不值得追逐。因为我们无法与它们竞争，所以我们选择忽略。长此以往，我们被蒙蔽了双眼，对最具价值的消费者表现出的行为变化视而不见。

这样的故事似乎很荒诞，就像小孩用手遮挡住眼睛，以为你看不见他们。这是极其危险的信号——企业对真正需要正视的竞争对手视而不见，却根据想象定义一个越来越弱小的对手，选择在一个更小的池塘里游泳。

我在许多不同的行业和不同的市场听到了同样的回声。

> **只有胜者能重新定义竞争，这是人类社会的丛林法则。**

当服装零售企业看到PRIMARK和超市里只卖几英镑的派对礼服时，它们并不认为这是我们"真正的生意"。当供应商看到它们利润率最高的文具用品（打印机墨盒或者其他）受到网上普通替代品的挑战时，它们还是觉得没有消费者会转向劣质替代品。

📄 行动方案

- 你的隐性竞争对手是谁？
- 你是否和你的消费者一样，以相同的方式衡量市场份额，还是你允许盲点存在？
- 问问你的消费者，他们认为哪些是你的产品替代品，你有对其中任何一个答案感到惊讶吗？
- 在以上消费者提到的一些品牌中，哪些是你认为不值一提的竞争对手？
- 小心自己创造出的盲点。

在练习中，有关竞争对手和市场定义的问题，非常值得你和团队花些时间探讨，同样也值得和你的消费者交流。有多种练习方法可供选择，包括传统方法和间接方法，如背后观察和小组讨论。但越来越多的主流企业开始使用工作坊练习法，这可以让你和你的员工把时间用在刀刃上，比如直接和消费者交流。

通常，衡量市场份额与市场规模是同时进行的。在与消费者讨论替代品时，你可以得出市场规模扩大或缩小的原因，实际上是消费者选择了另一款产品，而这款产品不在你分析的范围内。

餐饮企业明白，它的竞争对手不仅仅是隔壁的餐厅，还有消费者一时兴起的决定——在家做饭或者选择从超市购买现成的饭菜。这些超市没有与餐厅正面竞争，但它们提供了餐厅在售产品的替代品，换句话说，这些替代品以另一种方式向消费者提供了同样的便利。

找到你产品的替代品才能获得新的商业机会，正如餐厅推出外卖业务一样。

忽视替代品和对竞争对手视而不见，两者后果一样。竞争对手以超低价售卖你的同类高利润产品，撬走你的消费者，打乱你的世界。如果你选择不予回应，随之而来的结局就是消费者弃你而去，留下极速萎缩的市场份额。

接纳竞争的新定义，接受许多产品以成本价或接近成本的价格抛售的现实，并不意味着你腹背受敌。相反，与现实和解才是打响阻击战的第一枪。

你可以通过一系列的定价策略和渠道优化来应对竞争对手的挑战。打个比方，一个竞争对手放弃价格战，以能让你获利的价格销售产品，但这不能保证你一定赢了他们，前提是你有其他竞争对手没有的优势。我将在本书里，通过案例探讨如何借助人无我有的优势，改变竞争游戏的规则，让你占据上风。

哪里有价格战，哪里就有反价格战，这也是市场的魅力之一。消费者愿意网购，比较价格后到名不见经传的新商家那里购买产品，或者光顾你的店铺，这些行为都是消费者在无所不在的全渠道的世界里生活方式改变后的一个侧面反映。

但是新世界也改变了消费者行为的其他方面，不是吗？为了深化和消费者的联系，通过了解这些变化，借助变革开发和部署新策略形成优势，我们可以掌控新生的竞争性市场，赢得竞争对手的市场份额，而不是躲着它们。

那么，我们具体又该做什么？

☑ 应对竞争对手发起价格战的5个关键策略

与售价低于你成本的友商同台竞争，成败的关键在于你是否已经意识到新常态的"一阶影响"可能导致众多新生电商参与价格战，但你不应忘记"二阶影响"的存在，新常态改变了消费者购物方式，特别是购物的目的已经完全不同。你可以通过分析消费者的购物方式如何变化，重新制定产品的供应、定价策略，优化渠道，提升企业盈利能力。

我喜欢的动画情景喜剧《辛普森一家》在某一集里有个启示：辛普森找花生的时候发现一张20美元的钞票，内心有个声音提醒他，"钱能买产品和服务"。不管是在这个动画片中，还是在其他所有事情上，相信这8个字都适用。在自由市场里，人们的的确确用金钱来交换产品和服务，但这句话的成立还需要另一个现实条件：只有当购买者认为产品和服务的价值确实高于自己的出价时，他们才会达成这桩交易。

> 对于零售企业来说，一个重要认识就是，在如今的新常态下，人们看重的价值和20年前大不相同。

有一点必须明确说明，我们对购买某款产品的兴趣越高，对其他产品的兴趣就越低。即使是单一性的购买行为，我们为某一产品或服务不同部分的付费意愿也会不一样。

举个例子，当你购买一块巧克力时，实际上你是在用钱交换一套复杂的产品和服务。

- 巧克力本身。

- 设计、品牌和营销等工作都已被纳入创造巧克力这一产品的过程，远不止一块巧克力。

- 包装。

- 把巧克力从工厂运送到你手里的成本。

- 展示巧克力的零售空间成本——当你想要吃零食时希望你能碰巧关注到它。

- 相关交易环节，包括制造商、零售企业和运输企业在内的其他企业也想分一杯羹。

购买其他产品或服务也是如此，看似简单的买卖行为，实际上是一套复杂的交易。你不仅仅是购买一款产品，此时此地，你也正在购买这款产品带来的体验。

随着市场在新常态下的发展，这些捆绑交易的许多方面也发生了变化。如果你不重视产品的设计、包装和品牌，很可能随随便便的品牌和普通包装的低成本产品就会成为你的替代品。如果你不重视购买产品的即时性，或许消费者可以等到明天，选择购买网上能送货上门的低价产品。如果你不重视零售渠道中的"发现""购物体验"元素，你的产品就可以被搜索引擎里的同类产品随时取代。

因此，那些消费者经常大批量采购的产品，以及围绕产品上下游的生产、渠道和零售环节都不得不随新常态变化。

这种变化在不同的行业以不同的形式出现。在某些行业，如设计、品牌以及品牌的溢价和专属价值对消费者来说仍然非常重要。这意味着品牌在这些领域投入巨资可以吸引到高额溢价，稳固市场地位（不妨想想香水）。

然而，在其他一些行业，省下设计、包装、营销等成本，仅仅生产低价的替代品，高溢价模式就会受到冲击。还有一些受此类竞争模式影响的行业，比如服饰和鞋类企业，已经受到低价替代品的巨大挑战，正如过去10年快时尚的发展所证明的那样。

当消费者购买产品而与你发生交易关系时，你可以将这一交易行为的所有关联环节拆解、分析，这能从根本上衡量你的产品定价和渠道策略的正确性。随着世界进入新常态，你尤其需要明确，以上交易环节中的哪一部分发生了变化，在变化下如何突显你的竞争实力，实现盈利最大化，以及你需要为之如何调整策略。

> 对消费者愿意为之买单的变化做出快速而又足够正确的响应，即使在最不看好的地方，也能为你带来利润。

新常态下，消费者为产品付费的理由发生了变化，主要从5个方面体现，深入分析这5个方面，可以为超越电商、夺回失去的利润提供策略和机会。这就是我们对新常态下第一条规则的本质回应。

策略一：即时性和稀缺性在新常态下更为重要

当消费者立即想要某产品，不愿等待时，他们往往乐意立即付款。基于这一事实，我们提出了第一个策略。

稍后我们研究渠道策略时，会分析在交通枢纽中心如机场（我们通常没有太多选择）和商业街，零售企业应遵循的不同定价策略。毫无疑问，当消费者的选项越来越少时，商家调价的权限就越大。

使用这类基于位置的定价策略，商家可以根据产品的渠道紧缺性、稀缺性、排他性和瞬时满足感来定价，为新常态下的行业带来巨大机会。

如果现有库存都有订单，或者正在销售的门票是当季必看节目或电影，又或者你的餐厅是附近几公里内仅有的一家，那么你就能轻松实现盈利。

了解产品具有的即时性和稀缺性，根据服务定价，这类机会也是不断变化的。我曾工作的一家企业，它们从事消费者业务，当产品供不应求时，它们会重新定价，当需求疲软时，它们会促销打折，其效果立竿见影（利润增长了近40%），几乎所有的增长都可以归因于定价策略。当然，消费者若习惯了支付固定价格或预期内的价格，会对重新定价产生抵触情绪，但这种影响是暂时的、可控的，本书稍后会对此进行讨论。

如果你的利润率很低，特别是当你的电商竞争对手以成本价或接近成本价的低价销售你的同类产品时，处在这种高压之下，你不妨深入挖掘这类获得高溢价的机会，这对你的成功发挥着至关重要的作用。

或许最明显的例子当属英国的报刊经销商WH Smith，它基于产品即时性和稀缺性的特点，采取了定价战术，完美赢得夺取市场份额的反击战。当它成为商业街最后一家零售企业时，它灵活地提高产品价格，在不同地点（机场、高速公路服务、火车站）采取差异化定价策略，实现了利润逐年增长。尽管实体店有些类别如糖果店和书店，面临着来自电商、超市和其他专卖店的严峻挑战，对于它们来说这并不总是受欢迎的策略，但这是一个非常有效的策略。我们将在后面的章节中重新讨论更多生动的案例。

从这个角度看，你有必要同管理团队一起回顾销售策略，梳理所有销售渠道，区分消费者类型和产品类型，让价格因时、因地制宜。如果无论在任何时候、任何地点，都能为消费者提供市场上的紧俏产品，或者制造消费者非买不可的机会，何愁没有利润？

为实现上述目标，在不招致消费者强烈反感的前提下，你还需要仔细考虑一套可靠的、实际的方法。新常态下的消费者在网上极易夸大投诉，这一特点我们会在后面的章节详细介绍。我们不应该含蓄，要为获取正当利润用尽浑身解数，尤其是努力为消费者提供独一无二的产品。

在新常态出现之前就发展起来的行业都对定价不够重视。很少有连锁餐厅会根据所在区域不同的竞争程度和消费者的支付能力，制定差异化定价。在英国，有些餐厅会形成伦敦和非伦敦两种差异定价，但这并不能最大化收益。很少有餐厅每周都更新价格（事实上，用印刷版菜单不可行）或者忽略一年的淡旺季差异。即使一些商家可能在圣诞节或感恩节这种全国性节假日调高价格，但是与系统的定价策略在刺激潜在利润方面发挥的作用相比，这些举措都不值一提。

其他行业也是如此，墨守成规使他们无法真正辩证地看待提高利润的机会，产地、销售时间和地点不同，利润也随之变化。

你还要确保自己能在企业内部达成变革的共识。如果整个团队对采用我们正讨论的浮动定价策略感到紧张，团队成员就会有被动抵制的倾向。与我合作过的一些企业推行浮动定价后，验证了上述论断。（准确来说，当利润大幅增长时，内部阻碍势力就会消亡殆尽。）

还有一点值得重视，即需要确保团队理解差异化定价带来的好处。（尤其是应竭尽所能在通过对某款产品实施特殊定价获得丰厚利润后，用赚取的资源为其他产品在市场上争取更具竞争力的定价。）

> 每天与消费者打交道的一线团队十分有必要了解差异化定价的动机和目的，这样他们才能向消费者完美地展示品牌。

在我之前提到的浮动定价实验中，管理者使用算术方法自己推出价格，并耗费了大量时间来确保员工和消费者都能接受新的定价策略。在第二部分中，我们将探索一些具有超强实用价值的清单，帮助你建立内部共识，让团队理解企业为了生存发展下去而推动这些变革的必要性。

稍后会在第二章谈到，我们所做的定价策略能在短期内实现获利，长期看并不一定能使企业利益最大化。如图1.1所示，我列出了影响定价的因素，但稍后会略做调整。

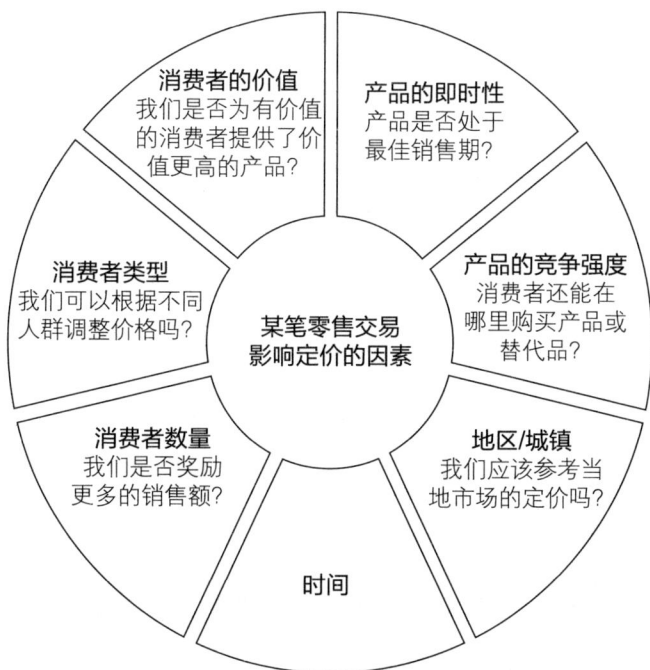

消费者的价值
我们是否为有价值的消费者提供了价值更高的产品？

产品的即时性
产品是否处于最佳销售期？

消费者类型
我们可以根据不同人群调整价格吗？

某笔零售交易影响定价的因素

产品的竞争强度
消费者还能在哪里购买产品或替代品？

消费者数量
我们是否奖励更多的销售额？

地区/城镇
我们应该参考当地市场的定价吗？

时间

图1.1　影响定价的因素

📖 行动方案

细节是新常态下定价策略的关键。

很明显，不同产品定价不同，但在定价时你考虑了如下几个维度吗？

- 产品的即时性。
- 产品的竞争强度。
- 地区/城镇。
- 时间。
- 消费者数量。
- 消费者类型。
- 消费者的价值。

如果你不考虑根据以上维度调整价格，会有什么样的后果？

如果根据以上维度调整了价格，你如何判断多个维度是否兼容？例如，如果你选择降低给青少年消费者的折扣，那么你会如何衡量其影响？

策略二：差异化或优质产品会改变竞争性环境

我们刚谈到评估定价策略离不开某些特定情况，比如，没有其他商家在销售这款特定产品，或者消费者当时就需要它。在这种特定情况下，相较于你的竞争对手，你拥有突出的竞争优势。

当然，竞争优势最基本、最强大、最可持续的根源就是拥有比竞争对手更好的产品。只要有优质产品，无论你的产品是附加值高，还是拥有精良设计，抑或是在某些方面有着与众不同的特点，在市场竞争环境下，面对大量低成本竞争对手的价格战，你就能保持自己的竞争优势，蓬勃发展。

以巧克力零售企业——Hotel Chocolat为例，它不满足于高品质产品，还在生产线上不断推陈出新。这样一来，它成功阻击了来自超市的进攻，模仿它的竞争对手也相继败北。

当我们提到产品差异化时，涌入大脑的总是商业街上的一些例子，比如奢侈品、设计师品牌和独家产品等。其实不然，许多品牌的成功之处就是在自己的领域拥有强大的市场地位。

确保你的产品从一众竞争对手的产品里脱颖而出，被消费者视为优质产品，对企业有百利而无一害。许多例子表明，现在一些企业在面临打价格战的竞争对手时，未能将差异化作为反击的工具。

确实很难做到差异化生产，特别是在涉及复杂生产过程的情况下，但难题总有破解的办法。你可以重新定制流程，改进外观设计，改变包装颜色，给消费者创造足够多的惊喜。问问卷入无休止的创新竞赛的大型消费者业务品牌，它们是不是也在包装上做文章，推出包装不同的洗发水或洗衣粉，来应对来自竞争对手的价格战。多年来，大型企业确实非常擅长不断地创新来留住消费者。

如何利用创新，打造差异化产品，帮助你赢得竞争对手？你能利用和供应商的关系拿到创新型畅销产品的货源吗？你能提供电商没有，而且货源稀少的产品吗？或者，你的产品能兼具趣味性和创新性——为消费者提供非凡体验，刺激消费者的购买意愿吗？如果你是经营餐厅的生意人，你多久更新一次菜单呢？市场领先的休闲餐饮连锁店，如Wagamama，近年来多次更新菜单，先以实验的方式推出特色菜，再根据消费者的反馈调整并将之标准化推广，获得了很高的消费者忠诚度，实现了营收增长。

事实往往不尽如人意，因为受内部流程和资源限制或自身企业文化的掣肘，很多企业并没有依据消费者的意愿来创新和改进产品。创新的意愿减退可能会导致一些强有力的业务项目搁置。稍后，我们将探究如何在企业中营造一种激励创新和鼓励变革实践的氛围。

📄 行动方案

- 技术的变革诞生了新常态的环境，同时也极大地提高了产品开发和流程创新的潜能，只有走这条路才能摆脱价格战。

- 与团队一起创建一张清单（大小都可以），列出能在业务中做出的创新点。

- 清单上的创新点可以包括改进产品颜色和产品样式、推出限量版、改良包装设计或规格。

- 以图1.2为工具，识别快速获胜和发掘长期策略的机会。

- 在此练习中注意避开团队盲点，尝试使用可靠的数据来得出你的决策在图中所处的位置。

- 经过一系列讨论后，你就应该会头脑风暴出一些"让人眼前一亮"的差异化产品或者服务，它们的出现是反击低成本竞争者的有力武器。

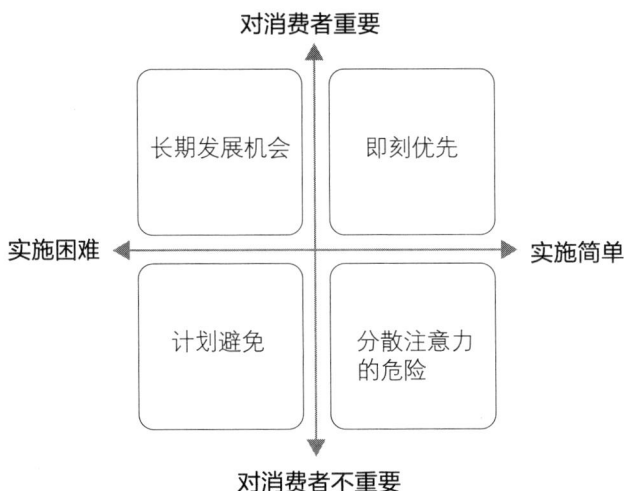

図1.2 潜在创新点地图

(图中文字:)
对消费者重要

长期发展机会 | 即刻优先

实施困难 ← → 实施简单

计划避免 | 分散注意力的危险

对消费者不重要

策略三：在万物互联的世界里，集体的智慧是强大的，因此你现有的消费者是一笔巨大的财富

美国社会科学家罗伯特·西奥迪尼在他的著作《影响力》中观察了一系列有关人类行为的有趣事物。我们本质上有着部落属性，如果我们正在做的事情和周围的人趋同，我们就会因此感到舒适。

这种现象在你周遭随处可见。西奥迪尼在他的书中，引用了一项源于19世纪60年代在纽约进行的实验，让一些志愿者站在街上，凝视附近建筑物6楼上的窗户。行走在繁忙街道上的"真实人"，他们的行为被记录下来。你会发现，如果仅让一个志愿者抬头看着窗户，那么大多数经过的人只是忽略他。

让第二个志愿者加入，当两个人一起凝视屋顶时，路人的表现和前面差不多。但是，当加入第三个、第四个或第五个志愿者时，有趣的事情发生了。一个路人停下来，好奇他们正在看什么，并开始加入他们的队伍。最后那里的人越来越多，很快就聚集成人群。

周围有越多的人在做某事，我们就越想要自己做同样的事。毕竟，人总以为其他人不会错，不是吗？

在经营零售业务时，很容易观察到类似的效应。我还记得为某全球知名品牌重新装修设计实体店的经历，碰巧的是，那天也是这家大型企业的董事长履新之日。他第一天上班想做的事情，就是看这个实体店重新开业。当然，一家大型上市企业的董事长不会在工作的第一天独自一人上任，通常其他重要人物和随行人员也会抵达。我们一起参加了剪彩活动，我走到外面，站在街道上，想看看这家店的样子。

然后我才意识到，身穿灰色西装的重要人物挤满了这家店，彼此聊天，这个场景真是有点可怕，简直是灾难。看到店里站满了人，我想："肯定没有真正的消费者会进来，我们的新董事长会发现这家实体店原来没有生意，这是多么的危险"。

出乎意料的是，店里熙熙攘攘，反而吸引人群驻足，没过多久，我就见证了与日俱增的交易量。

在那一天，我学到了这一经验，从那以后，我又验证了数十次。

实体店越忙，进入实体店的人就越多。

人群聚集的地方代表着那里有特价产品，所以每个人都想加入。不管是在没有消费者的摊位上，还是在挤满了消费者的摊位上，我都看到了相同的效果。这就很好地解释了为什么一个好的餐厅始终首先让消费者坐在窗口边——这会让你产生一种过了这个村就没有这个店的感觉。

不可否认，我们多数人都喜欢盲从，买别人都买的东西，吃别人都吃的东西，等等。但是这种心理通常被作为竞争性武器，用以考虑自己的企业如何利用规模效应吸引其他人，帮助你抵御来自新入局者发动的攻击。

或许得益于社交媒体的蓬勃发展，消费者可以看到有多少人使用你的服务，这可能是基于你的规模（数百万人喜欢你的品牌）。不管怎样，你要是拥有庞大的消费者群，就应该认真思考如何利用它来吸引和保留业务。

利用集体智慧吸引消费者，让他们互帮互助，是新常态为我们提供的最强大的方法之一，像猫途鹰（Trip Advisor）平台那样，上面有着数量众多的餐厅和酒店评论，对如雨后春笋般冒出来的新竞争对手天然不友好。如果想参考评论，我会直接找到有那些评论的平台；如果想要留下我的评论，我也可能会留在同一个地方。这是现实的规模经济。

我见过拥有大型用户服务业务的企业（如手机业务）以非常聪明的方式做到这一点。它们创建在线用户服务论坛，让聪明的超级用户分享为其他用户解决复杂问题的经历。它们实现了3件事：第一，减少了用户联系客服中心的电话成本；第二，给其他有问题的用户解决困难，提升了用户的直接满意度；第三，使数百万现有或潜在的用户，都有机会看到行之有效的建议并亲自实践。互联网让企业不只是提供优质的服务，也可以看到背后提供该服务的其他人。

非企业用户也可以使用这样的自助论坛，这仍然有助于强化品牌形象，营造一种氛围——如果所有人都在那个论坛，那么我也应该去逛逛。

你的企业是否有规模优势？如果有，如何利用好它，确保将其转化为竞争优势，让你的消费者不想错过其他人都享有的东西呢？

策略四：新常态下的消费者兼顾产品和消费者体验

要了解新常态的长期影响，没有比与消费者一同成长这件事更有意义的了。无论是"Y世代""Z世代""千禧一代"还是其他代际的人，他们由年轻一代成长为成年人，生活在新常态的环境中，终其一生都处在信息爆炸时代。他们几乎不是均质的，不能将所有年轻人都视为同类消费者，需要通过观察他们的购物和消费方式，找到他们愿意为之付费的东西（或者不愿意为之买单的东西）。从他们的消费行为中，我们可以窥探未来消费者的购物趋势。

应对价格战的第四个策略，就是要特别注意"千禧一代"身上始终如一且有趣的行为，那就是对消费者体验的追求。当所有产品都变得便宜且易得，同质化严重时，当拿到手里的东西别人也有时，你也会觉得索然无味。

> "千禧一代"追求的并不是对物质的占有，而是体验。

有没有新唱片无关紧要，是否看过乐队的演唱会或音乐节则不一样。看一场电影很简单，来到拍摄现场，看见那里的每个人都打扮得整整齐齐，还能有机会亲自向导演提问，这种经历就非比寻常。

电影业提供了一些不错的参考案例，人们盛装打扮，体验电影拍摄过程，这类体验"事件"获得巨大成功。还可以让观众体验其他特别拍摄过程，如预览放映，由电影制片人介绍电影，甚至会播放观众事先并不知道的桥段，吊足观众胃口。这些附加体验，让原本单调乏味、日复一日的无差别体验变得与众不同。

"千禧一代"的消费趋势决定了潮流。无论是假期旅行方式（自行选择旅行的各个环节或者随大溜订购团体游），还是快时尚和食阁的发展壮大，都说明消费者越来越重视难以复制的个性化体验，这让"千禧一代"有足够的兴趣在网络上分享奇妙体验。

如何打造非一般的消费者体验，这一点非常值得你思考。你可以提供哪些值得在社交网络上分享的个性化精彩体验？如果你的答案是认为创造这些体验与你的业务不相关，那么可别忘了，因为允许在可乐瓶上写名字，而成功售出大量碳酸饮料，在行业内被传为美谈的经典案例。

策略五：产品和服务越来越趋向个性化，我们面临价格竞争的机会越少

顺应这种趋势，期待我们打造的消费者体验脱颖而出，对于我们来说，没什么像打造独特的产品和服务这样理所应当的了。

无论是尺寸合身的衣服还是为你量身定制的衣服，抑或是用多种颜料调出的油漆装饰你的房间，这其中都有着独一无二的个性化价值。摆脱与流水线生产者，以及低成本、同质化严重的对手同台竞争，最好的办法就是利用行业尖端技术，为消费者提供专业的定制化、个性化产品和服务。

从历史上看，只有为数不多行业有机会选择这条路，那就是迎合高端奢侈品市场的企业。现在，我们迎来了新常态，一批技术创新型企业将会涌现，进而改变原来的格局。

在3D打印的世界中，机器人生产线动态地呈现了在线内容，甚至是人工智能。没有什么能阻挡我们为消费者打造个性化产品。

数据为定制化服务提供了强大能量。作为一个年轻的营销总监，我负责给数百万消费者发送邮件（主要以信件、明信片和杂志的形式），鼓励他们购买大量产品。我遇到了另一个来自不同市场的营销总监，我们开始比较数据，原来我们有着几乎相等体量的消费者群（消费者数量是1000万~2000万个，都是大品牌的消费者）。

把接收邮件的消费者群细分为6个组，我可以自吹这是个不错的举措。换句话说，我们足够了解消费者，充分认识到每个人都是独特的，我将相似的消费者放在一个组里，划分出6个不同的组，运用不同的沟通方式，有区别地发送不同版本的邮件，比如给年长且资产一般的消费者和年轻消费者的邮件措辞就不一样。

讲完我的故事后，我问这位营销总监，他给2000万个消费者寄了多少邮件？答案是2000万份不同的信件。他的企业对自己的消费者了如指掌（包括他们以前的订单），寄出的都是定制邮件，内容包含不同的打折方案和优惠券，为消费者提供最大化价值，试探消费者的购买意愿。

好吧，这就是我知道的事实。这项壮举现在听起来似乎没有在15年前听到那般令人印象深刻。毕竟，现代计算机系统与数字化打印技术并驾齐驱，能够以较低廉的成本为消费者提供定制化的营销资料（电子邮件或其他更多形式）。

但是现在制作广告和产品本身的情况不一样。电子邮件和投递到家门口的邮件都具有高度的针对性，而我手中报纸和杂志的广告却不是。毕竟报纸很难根据符合我口味的文章而为我精准投放一下广告，不是吗？

新技术的发展为我们给消费者量身定制产品和服务提供了非常多的机会，但很少被开发。比如我们这代人想买合身的衣服总是考虑标准化的尺码，因为只有在高端市场花费一笔不菲的费用，才能享受到量身定制的服务。现在还是这样吗？难道服装品牌在收集到消费者的尺寸之后，除了使用机器生产线制造衣服，就没有别的机会打造个性化服装了吗？

想想家居装饰，我们一般会担心沙发尺寸是否与客厅匹配，或者沙发的颜色是否与其他的家具匹配。什么时候能有精心定制的沙发，它的尺寸和颜色搭配得相得益彰，十分贴合我们的需求呢？

以上讨论覆盖了不同的产品类别。创新型初创企业正在加紧探索这种定制化商业模式。其中不乏有趣的案例，某个电商Duoboots，顾名思义，主要是售卖时尚女靴。与大型制鞋商不同，Duoboots不仅有各种鞋号，还有不同的宽度、小腿尺寸和材质的靴子，这意味着每个消费者都可以购买到贴合自己需求的产品，商家无疑能获得更高的消费者满意度和更多的回头客。

实际上，这种定制化模式本应该是他们吸引消费者赚取溢价、对抗新入局者挑起的价格战的有力武器，但是这些市场大佬反倒畏首畏尾，这就沦为另一种悲剧了。

对于零售企业来说，新技术的发展会给企业带来两极分化的局面。一方面，低成本电商降价销售它们的标准化产品，而另一方面，它们受到新入局者的夹击，这些新入局者更注重运用新技术，致力于创造个性化的体验，将独一无二的消费者体验带给消费者。正如我们目前看到的，现在的行业大佬应该勇敢地拥抱机会，而不仅仅是离开比赛场地，将机会拱手相送。

☑ 应该规避的策略——提出错误的问题

我们刚才讨论了一系列零售企业避免陷入价格战的策略。那么，是什么阻止了我们呢？为什么历史悠久的老牌企业未能在市场上持续成功战胜擅长玩数字化的后起之秀？

有很多事情阻止这些大企业在新常态中进化自己，但最大的障碍源于人。当我们在一个行业工作了很长时间时，可能会很难接受它的巨变，很难让每个人睁开眼去看更广阔的格局。

举例来说，为了应对新入局者发起的价格战，一些零售企业也开始着手发展电商业务，对此我们常能听见一些反对的声音，我意识到这是个"有趣"的人为现象。我不止一次听过这样一个问题："电商真的会蚕食我的业务，导致高利润、大体量的模式变成低利润的销售模式吗？"

这一问题值得深思，这关系到行业的走向，一不小心就走错了路。于大多数企业而言，单个销售渠道的获利能力越来越不重要，主要因为大多数消费者会在购买过程中使用多个渠道。在造访实体店，触摸、感受产品之后，他们可能会在网上搜索价格，然后从网上下单，这样还省了携带购物袋回家。

在这样一个世界里，只利用单个销售渠道创造利润，似乎会产生严重的误导。

> **每个消费者带来的盈利才是重点，而不是单个销售渠道。**

经营实体店的首要目的是与消费者开展业务往来，而不是其他。一些富有远见的零售企业，已经在探索以网络销售渠道为主的可能性了。

如果你不接受把网络作为销售渠道，而你的竞争对手这样做了，你将错过的不仅仅是"起码还有低利润"，你从一开始就失去了最有价值的消费者，因为竞争对手利用消费者青睐的渠道开展业务往来，大批消费者会被吸引过去。

想要同时在网上和实体店购物的消费者将最终投向能提供双选项的零售企业。因此，"只有线下实体店"的企业将失去优质消费者。这就像一个悖论，本想守住传统零售利润的你，最终不得不看着实体店的利润越来越少。

零售企业以渠道为中心的思维根深蒂固。甚至那些了解衡量消费者价值方法的零售企业，可能仍会每周查看一次细分渠道的利润报告，并不是因为这些报告就是对的，仅仅因为它很容易衡量。

☑ 结语

现在到了总结的时刻。在新常态下，消费者的购物行为已经悄然改变。应对价格战的明智之举，是从不同角度出发，研究产品的定价和产品开发策略，着眼于竞争对手的盲点，挖掘实现盈利的方式。

有趣的是，零售企业现有的应对价格战的策略，只有小部分是正确的。我们通过深入分析，理解为什么消费者会在不同的时间、不同的地点为不同的产品而支付不同的价格。上文我们已经从渠道、产品开发、消费者服务和创新策略方面，解锁了帮助我们获利的方法。

在制定这5个策略时，我创建了这样一个框架，供你审视实体店的定价和利润管理策略，有如下几个核心要点：

- **审查差异化定价的可能性。**你能从不同的销售地点、产品的稀缺性、时间或其他任何能让你获利的维度，调整你的价格吗？

- **寻找产品创新的机会。**你如何区分自己和竞争对手的产品？如何增加可供选择产品的广度和上新的频次，以便有新的议题可讨论？在业务加速创新的路上，究竟是哪些流程和技术阻碍了你的企业，如何克服这些障碍？

- **创造规模价值。**如果你在市场上占有重要地位，如何发挥该优点？在已有消费者的基础上，如何使自己更轻松、更高效地开发新消费者？

- **发挥经验的力量。**如何在为用户服务的过程中持续创造消费者体验，使之难以忘怀？

- **个性化。**不管是为消费者投放的营销资料还是产品本身，你能否提供更多个性化、私人化的体验？行业的"标准尺寸、标准颜色"等诸多限制是什么，你如何使用自身的规模和拥有的技术来打破它们？

以上每个要点都值得花时间研讨。稀缺性、差异化、社会属性、专属于用户的体验、产品的独特性和个性化，这些都是消费者在购买产品时隐性支付的东西。

随着竞争对手的崛起，在新常态下，仔细研究消费者为产品隐藏属性买单的意愿是如何变化的，你就可以找到与竞争对手过招的强大法宝。

📄 项目计划清单

- 你了解定价方式发挥作用的原理和所有细节吗？它们是否随销售渠道、消费者需求量和库存数量、时间而变化？

- 你是否评估过如果在以上几个维度调整价格会发生什么情况？调整会带来哪些运营上的难度？消费者会有什么反应？最关键的是，对利润会有什么影响？

- 你是否具备分析以上问题要用到的强大分析能力？如果没有，如何获得这种能力？

- 你能否从以消费者为导向的视角，分析自己的产品如何在竞争中胜出？你是否还在依赖被消费者摒弃的差异化因素？

- 如何提高产品线的创新步伐和效率？你能重新选择供应商吗？如果你自己制造产品，能否找到提高生产效率的方法？你如何加快创新步伐，甩开你的竞争对手？

- 你会从普通产品上收取溢价吗？如果会，你觉得值得吗？如果不会，你如何提升消费者体验以制造这种溢价？

- 如果你拥有大量消费者，还得面对来自新入局者的挑战，而它们并不具备如此优势，你是否制定了发挥规模优势的策略？

- 如果消费者购买你的产品，除了提供基本服务，如何为你的消费者创造有意义的精彩体验？你如何打造你的零售空间从而留住消费者的脚步？在售卖核心产品之外还能开发哪些衍生的服务？

- 如果个性化的服务具体到某个消费者，你的产品或服务会是什么样子？你现有的业务能维持那个状态吗？

浏览完以上清单，为实现收益最大化，你得重新审视定价策略。它可能鼓励你加快投资技术和产品创新的步伐，驱动你为不同的消费者打造个性化服务；它可能促使你考虑建立粉丝俱乐部，搭建互帮互助的在线论坛，创造非同凡响的消费者体验；它还可能让你改良包装，重塑品牌形象或消费者认知。

以上每一项行动，都可以让你有机会走在电商前面，抢占先机。

> 降价销售远不是商业新常态下的一剂良方。在新常态下，只要满足消费者需求，你就可以收获无数种赚取利润的方式，你只需要新的方式。

而所有的机会都来自新常态的第一条规则，接下来，我们将探讨第二条规则。面对新入局者挑起的价格战，如果你觉得还不够糟糕，那么还会有一个新的世界等着你，在那里，消费者知道你所有的商业秘密。

02

第二章

规则二：当秘密人尽皆知时

赚钱是一件艰难的事。除了生产、分销和零售成本，人们愿意为你的产品买单一定有若干原因，经济学家称之为"竞争优势"。拥有竞争优势是经营一项成功且可持续发展的零售业务的关键。

有时竞争优势也与成本相关。你可能比竞争对手更具有规模优势，只需要制造或购进大量产品，或者周转大体量的产品就能保证更低的成本，有了这项优势，你可以向其他任何人收取更高的价格。或许你的定位是低成本市场，或许你拥有某些专利技术的使用权，这些都可以使你获利。相较于竞争对手，你甚至可能只是拥有管理优势，在做同一件事时，比其他企业效率更高。

与成本相关的竞争优势（也称比较优势）通常是市场上驱动竞争的关键。实际上，这对国际贸易非常重要，经济学家通常使用竞争优势这一术语，描述不同国家间的国际贸易模式。在过去的几十年中，我们都见证了发展中国家质优价廉的生产模式，它们迫使制造业整体转移，一时间发达国家市场的就业机会减少，而生活成本居高不下。

但是，这些发达国家的应对措施诠释了不同类型的竞争优势。以成本制胜的行业在工业化的发达国家难以可持续发展，时代红利一去不复返了。它们花费了很长一段时间将这些行业和工作迁移到发展中国家。在那里，每天只需要投入很少的资金，产品就可以以极低的成本生产出来并销往全球，发达国家与发展中国家生产产品的成本有着云泥之别。将半成品运到发展中国家完成最后的工序（如将产品放入最终的包装），然后再将其运回，远比在本地完成整个过程的费用更低。就我所知，还不止一项业务如此。

指望传统产业回迁至发达国家，显然非明智之举，因为这种趋势是不可逆转的。相反，这些富裕的国家应集中精力，将资本和资源投入仍有优势的活动和产业中，这种优势将不再只是与成本相关。

那么，发达国家如何与其他生产成本低得多的发展中国家同台竞争？解决办法之一就是创新。通过发明新产品，创造专利和其他类型的知识产权，来销售低成本竞争者无法抗衡的产品和服务。另一个解决办法就是经常提到的设计和质量。通过生产与低成本产品完全不一样的产品，那些消费者极其重视的产品，发达国家的企业就可以不受价格影响。

汽车产业在这场高风险的经济游戏中，用实际行动为我们提供了非常漂亮的案例。以前，发达国家可以批量生产汽车，而潜在的低成本竞争对手却没有进入该市场所必需的条件、基础设施，或者欠缺受过教育的劳动力。随着时间的流逝，这一切都改变了，今天我们看到许多发展中国家所在的地区如东南亚和南美正在生产汽车。

欧洲、美国和日本这些老牌玩家无法在低成本的基础上与这些新入局者竞争，但是它们的汽车产业并没有消失。相反，它们专注于质量、设计、持续创新及品牌建设，争取那部分高净值消费者。整个过程不是一帆风顺的，西方汽车产业在过去的几十年中，一直面临着挑战，但是那些老牌汽车制造商在市场上的份额仍然岿然不动，这一事实向我们昭示着竞争优势的重要性。竞争优势远不只意味着成本和低价。

在全球范围内国家和产业的竞争中必须做到这一点，我们在做业务时也应如此。

> 如果你不是行业中成本最低的商家，而消费者还继续从你那里购买产品，那么消费者一定为其他原因而来。

可能是因为别人没有的设计、发明或专利；可能是因为优秀的员工；可能是因为你的品牌让消费者认可、信任；可能是因为你的售后服务质量高；可能是因为你给消费者提供了良好的体验和回报。

🗇 行动方案

你的竞争优势来自哪些方面？

不妨考虑以下方面：

- 对于出售的产品，消费者不用大费周折跑到竞争对手那里购买，因为只有在你的实体店才能买到。
- 你的产品价格比竞争对手更低。
- 你的品牌比竞争对手更强大、更知名。

- 你所占据的细分市场中没有重要的竞争对手，因此你可以通过专业化分工和技术来吸引消费者。

- 你比竞争对手拥有更优质、更专业的产品，产品门类也更齐全。

- 你的实体店或网站更易于浏览，你在产品陈列上下足了功夫，或者你的产品比竞争对手的更具有吸引力。

- 你的消费者习惯找到你，他们本有其他选择。

- 与其他实体店比，你会拓宽产品范围，推出捆绑销售和交叉销售等促销活动来吸引消费者。

- 你的消费者有品牌忠诚度，他们可能是会员积分卡的持有人，或者是你的会员订阅者。

你会在此练习中注意到，竞争优势的来源不是单一的，而是混合了各种商业行为。当你与团队一起做练习时，请保持坦诚的心态，思考业务发展的驱动力所在。

接下来，你可以与团队继续探讨以下两个问题：

- 你如何知道问题的答案？靠直觉还是经验，或者你做过调研，可以依据消费者的反馈得出答案？如果是前者，你还需要思考如何收集消费者选择偏好的数据，这些数据一定会让你感到惊讶。

- 如果你对当下业务的竞争优势感到满意，请思考如何保护和维持这种优势。哪些竞争变化可能导致消费者重新选择商家？如果你觉得自己的竞争优势不长久且不稳定，为了让消费者继续和你做生意，你还可以为消费者创造哪些新动机？

往下阅读本书，你会看到一些竞争优势的驱动因素被再次提及，尤其是当我们探讨到地理位置的重要性时。花一点时间和过去做对比，找出现在消费者选择你的原因，辨别这些原因是否基于事实，或者这些原因是否至今还未被企业关注到，这是十分有必要的。

即使到目前为止，一切业务发展良好，你仍然不能放松警惕。你的消费者为什么选择与你继续做生意，而不是追随其他低价竞争者，个中原因是值得挖掘的。

> 你生意上的成功，是因为你提供了关怀备至的消费者服务，还是因为你恰好是他们唯一可以找到的服务商？

在零售行业，许多大型企业认为，光顾的消费者越多，证明自己做得越好，生意也会越火爆。但是当互联网和大型超市带着全新的产品类别到来时，它们曾经垄断过的本地市场就会被夺走。

忠诚的消费者群体与新加入的消费者群体之间存在很大差异。稍后，我们将探讨驱动零售企业利润增长的主要因素——地理位置发生了哪些翻天覆地的变化。

☑ 知识就是力量

互联网时代的到来，极大地改变了另一个驱动企业利润增长的因素。很久以前，你之所以能赚到钱，是因为利用了信息差。之前我们就举了这方面的案例。

过去，在保险和能源行业，消费者很难就这些服务进行比价。

实体店零售的产品，明码标价地展示给大家，童叟无欺，而保险和能源产品难以做到这点。我在家用电的方式、度数根本不可能做到与你一样，所以大家不会去深入研究邻居的用电细节，比如把账单放在一起对比。然而，互联网的出现，改变了这一切。

首先，消费者之间共享信息的困难，现在大大减少了。经济学家谈论的"交易成本"，不仅意味着做某件事的实际金钱成本，还意味着麻烦，包括所花的时间和做事的难度。

互联网带来的深远的影响之一就是，大大降低了群体共享信息的成本。

我最喜欢的推特就是一个很好的例子，人们在上面自发地分享带上话题标签、他们的昵称，以及与话题有着强关联的信息。使用一个简单的程序——拖曳主题标签，就可以创建实时雪景，看到降雪在全国范围内移动的轨迹，这对于尤其关注天气话题的英国，真是非常方便。

如果成千上万的人互相转告降雪信息这件事变得非常简单，那么同样地，关于自己的汽车保险是不是买贵了这类信息的分享也将变得简单。确实，这种信息共享最明显的例子就是比价网站的出现，你只需要输入电和天然气的使用情况等信息，所有潜在能源商的报价就能一览无余地展现在你眼前。

在数十个市场中，不管是通过这种形式的比较，还是消费者在社交媒体上的分享，行业的"规范"已受到挑战。现在，我们不只是比较电费账单、宽带速度、假期花销和机票费用，餐厅点评和许多其他信息数据也唾手可得。如果你年纪稍长，你会记得之前在选择酒店或餐厅时，不可能动动手指就查询到其他消费者的意见，你也会记得，有些企业即使提供了低标准的服务也能"逍遥法外"的情形。我们将在后面的案例分析中进行深入探讨。

互联网减少了企业间共享信息的交易成本，它同时以另一种强大的方式改变了消费者版图。它为我们提供了做某件事的必要信息，让我们变得主动。

很久以前，在互联网兴起之前，我曾与一家企业合作，它们的商业模式基于订阅量和每月定期付款。这家企业的经济状况在很大程度上与我们所讨论的公用事业企业相同，这就意味着，我们有巨大的动力为挽留可能离开我们的订阅者提供最优质的内容，同时把那些不太理想的内容分发给只是默默地继续付款的订阅者。确实如此，我们将最好的内容以纸质邮件的形式发送给近期退订的消费者，目的是留住这些消费者。

让消费者广泛共享信息的交易成本是非常高的，比如我们为挽留消费者而推出的直销邮件，但也必须承认这样的做法易于管理、更可控。

世界在许多方面都发生了很大的变化。我们不仅可以在社交媒体和投票活动网站中看到各种特色鲜明的活动，还可以通过点击按钮来加入这些活动。转发主题标签或在脸书进行投票活动变得非常简单。新的商业模式如雨后春笋般涌现，保证了现有的长期消费者总能获得最优质的内容，这些优质内容的获得并不缘于商业领袖慷慨朴实的价值宣言，而是消费者用脚投票的结果。

在一个信息丰富的新世界，不仅仅是订阅业务受到了冲击。想想你停放汽车的车库，水管工帮你安装的燃具，这些设备部件的批发成本曾经是个谜，现在在网上却随处可见。你要是有足够的勇气，还可以在YouTube上找到自行安装的教程。这是去中介化趋势的一部分，我们稍后会进行讨论。

所以，这是新常态下的第二条规则——当秘密人尽皆知时，你就不可能基于专有知识独揽某项业务或以不同的方式对待同一类消费者。

我认为，这并非坏事。我们讨论过的商业惯例不值得留恋。现实就是，将最好的服务给最不忠诚的消费者是糟糕的商业行为，不必像那些著名品牌那样费劲去维护企业与消费者的长久关系。

> 过去成功的商业模式和我们曾经想到的商业模式，这两者之间有很大的不同。

定价模式越透明，曾经被蒙骗的消费者的付费意愿就越强烈，他们的反馈有可能被网络夸张放大。但是，我们要热烈地拥抱这种新的开放性和明确性（特别是作为消费者），还必须承认，它改变了诸多行业规则，我们过去的某些利润来源甚至可能永久消失。

我想再次强调，我们没有理由灰心。社交网络的信息机制既可以惩罚企业的不公平行为，又可以颂扬和支持公平、开放和诚实的业务往来。如果在市场的某一个方面，消费者的不满情绪渐涨，那至少说明在这个方面进行变革就意味着获得利润。第一个抓住消费者痛点，并明显有所作为的企业，就等于获取了财富密码。

📄 行动方案

你所在的行业，消费者的痛点是什么？什么是消费者经常抱怨的问题？

这里提供一个思考问题的便捷方法。如果有什么问题是你的朋友在与你见面时会经常提及的，那么这些问题很可能就是痛点。打个比方：

"哦，你在X行业工作！我总是不明白为什么你的退货费如此之高"，或者"我不明白你为什么不备上更多颜色或尺寸的产品"，或者"我在你的实体店里永远找不到我想要的东西"。

同理，你也可以在网络上查看对自己的品牌或所在行业的有关讨论。如果多次出现同样的问题，那么这些问题就是我们在这里所说的"痛点"。

如果你发现自己在遇到这些痛点的挑战时，试图将痛点解释为行业不可避免的特点："啊，你不了解，这是监管机构要求我们这样做的"，或者"还不是价格战造成的压力""这是为了防止欺诈"，这类竭力辩解是非常危险的信号。

事实上，任何时候你最终都会对消费者说以如下句子为开头的话：

"我理解你，但原因是……"

你只是在捍卫一个痛点，而不是倾听。

一旦发现了消费者的痛点，你可以想象一下，如果你修复了它们，你的世界将会变成什么样。这可能涉及改变商业模式、做出牺牲或挑战行业规则。成为第一个解决痛点的人，是否能够从消费者那里获得巨额回报，这也是你和你的团队需要考虑的问题。如果答案是肯定的，那么你不仅应该考虑采取行动，还应该料想到如果自己不去做，迟早其他人会做。

当然，这么做不一定容易。改变你的商业模式意味着丢弃曾经的竞争优势，这很难获得董事会和股东的支持，对于管理团队来说也很棘手。将一种久经考验的商业模式或定价模式转换成另一种更开放、透明的模式，且短期内可能无利可图，还会让迅猛发展的其他企业"蚕食自己的领地"，这种"壮士断腕"的过程，我曾亲眼看见，我知道这是一条无比艰辛的路。

但是别忘了，还有一件事比"主动让别人蚕食自己的领地"更糟糕，那就是放任别人对你下手。正如我们之前讨论过的，每个市场都有新入局者，它们没有过去的包袱，非常渴望在公平、公开的交易赛道中成为冠军。稍后我们将讨论如何锤炼自我，重塑商业模式，成为自己命运的主人。这样做将会获得更多潜在的回报。

当我们找到一种和消费者建立长期互利共赢的关系的方法时，消费者不再觉得自己被盘剥，回报便会直接反映在利润上。还有一种潜在且更重要的回报是，通过变更业务模式，将消费者放在第一位，以此为出发点所做的努力，会为我们赢得企业声誉和消费者口碑，成为我们应对竞争对手最有力的武器。在下一章，我将重点讲述，为何树立良好的企业声誉对企业的成败尤为重要。

☑ 从授权消费者中获利的关键

在新常态下，如果消费者对我们的成本了如指掌，那么为善变的消费者提供更好的服务，为忠诚的消费者提供一般的服务，这一商业模式将不再适用，我们该怎么办呢？

> 你需要领导行业的变革，让自己成为清晰且透明的商业模式的倡导者，让你的竞争对手墨守成规去吧。

但是，知易行难。

曾经有人邀请我为某个保险服务部门做一次演讲。我的角色是"外部观察者"，向他们提供市场人员对该行业的看法。当我开始琢磨该说些什么时，接下来发生的一切让我知道我该怎么续签自己的房屋保险。这真是让我大开眼界的经历。谈话内容如下：

我： 去年我咨询的房屋保险，你的报价是400英镑。今年是多少钱？

（不太开心的）保险业务员： 先生，今年是1200英镑。

我： 什么？今年没有任何迹象显示我会申请理赔，你有什么理由将保费变成3倍？

保险业务员： 嗯，去年我们最初也给您报价1200英镑，但后来您找到了报价400英镑的服务提供者。所以今年您也找到了那样的服务提供者吗？

我（已经了解事态发展，但很想知道情况能有多糟）： 怎么会找不到呢？我们俩都清楚我可以去找，为什么不现在就给我最低的报价来节省我们的时间呢？

保险业务员： 很抱歉，我不能这样做。您需要打电话给我们的竞争对手并得到一个报价，然后给我回电，这样我就可以给您同样的报价。

我： 你是在告诉我，我必须自己去找到你们竞争对手并得到他的报价。如果我那样做了，请告诉我，我为什么还要给你回电话？

保险业务员： 嗯……

你可以猜到故事的结尾，我为自己的房屋投了别家的保险。

给满屋子的保险服务部门主管讲这个故事真是一次有趣的经历。他们都悲伤地点头，没有否认或者把我赶出房间。我的经历在行业内非常典型，也很常见。

他们问我怎么才能摆脱这种困境。他们用实际的数据向我解释，给忠诚度不高的新消费者或受竞争对手争抢的消费者提供更优质的服务，而将一般的服务提供给忠实消费者，这样做的利润更高。

在如此激烈的市场竞争中，总有人愿意提供更优质的服务来吸引被你忽视的忠实消费者，如果你不去加以回应，那么你终将失去他们。而对忠实消费者和新消费者采取相同的定价策略，就意味着你在赢得新消费者方面并没有竞争力，同时在挽留被竞争对手吸引的消费者方面也没有竞争力。

这个在财务上的悖论，不仅发生在保险行业。零售企业对消费者的电子产品在保修、安装或交付服务上收取高价，是同一个道理。消费者可能会认为这不公平，但是如果你不这么做，就会降低你核心产品价格的竞争力，正好给了新入局者攻击你的机会。是的，难道我们不应该在定价上花点时间，谈谈在竞争环境下它对创造利润的重要性吗？

同理，电影院、影视企业和音乐会主办方会在基本票价之上收取预订费。所有人都明白，当人们在线购票时，收取额外费用（通常是极具品牌特色的"手续费"）是荒谬的，但是当告知董事时，他们会认为放弃这项费用会造成利润损失。

那么我们如何解决这个难题呢？如果新常态创造了一个环境，消费者越来越意识到有关产品的定价、营销的商业惯例是不公平的，而这些商业惯例是我们当前利润的重要来源，我们该怎么办？

答案分为两个部分，一部分涉及经济学基本常识，另一部分涉及本书稍后将要谈论的内容——从消费者的角度想问题。

☑ "做对事"背后的经济学

我们已经讨论了一个事实，渠道盈利能力对于现代零售企业来说是一个伪命题。在这个消费者可以通过多渠道购物的世界，根据单次购买行为，就认定互联网渠道在某种程度上比"零售渠道"的盈利能力低，这是毫无意义的。因为这些渠道不可能脱离另一个而独立存在。我们应该问的问题是，针对不同消费者群体的业务盈利能力如何，而不是纠结于不同渠道的盈利能力。

我们要对这一问题进一步探讨。我们不仅需要考虑从与消费者的某一次交易中获得的盈利，还需要考虑我们与消费者之间长期关系的价值。

某一天，我可能会从某零售企业那里购买产品，但是拿回家才发现我买错了，于是我决定在下午晚些时候退回该产品。以那天我的行为来看，我不是一个能贡献利润的消费者。确实，如果该产品在一天内无法轻松卖出去或需要重新包装，那么这单生意就是亏本的。商家为了保护自己免受我这种行为造成的损失，可以实行更严格的退货政策，或者向我收取退货费。

显而易见，我真正的价值对于零售企业来说，并不可以用我那一天的行为衡量。我可能是一个有价值的经常购物的消费者，甚至可能很多年都是。在这个思维实验中，企业正确的做法是，从某种程度上考虑维护和我的长期交易关系。

我认识一个培训师，他曾经用一个"9英镑比萨"的故事（无法考证其真实性）来说明这一事实。比萨店里的新员工与一个消费者起了争执，消费者认为自己点的比萨的配料不对，而新员工拒不赔偿。店主将新员工带到一边，指着那个消费者告诉新员工，自打他还是小男孩的时候，那个消费者就每周都会来光顾比萨店。刚才新员工为9英镑而舍弃的消费者关系，实际上价值上万英镑。

任何优秀的零售企业都知道这一点，这就是为什么当我尝试退货时，即使不清楚我能带来多少长期价值，大多数零售企业还是会接待我。根本原因是我有机会成为回头客，并最终成为有价值的消费者。从长远来看，牺牲短期利益是一件正确的事。

在经济学中称之为"最大化消费者生命周期价值（Customer Lifetime Value，CLV）"。CLV是一个简单的概念。它衡量了我们业务的价值，包括从与消费者进行的首次交易到与消费者最后的合作，并认为多次的小额订单比单次的大额订单更有意义。它还告诉我们，鼓励消费者停留更长时间与在特定的某一天运用促销活动鼓励消费者消费，这两种行为的营利性可能是一样的。

> CLV是一个非常简单的概念，每个负责消费者业务的高管在会议中听到和使用它的次数不下一百万次。

我们可能对这个术语很熟悉，但是我们是否真正理解它呢？CLV的原理蕴藏着解决我们困境的方法——在新常态下，当消费者知晓了我们的成本和利润，反对我们的不公平定价策略，并拒绝支付我们隐性费用时，我们该如何应对。让我们考虑一下如何拆解CLV公式，如图2.1所示。

如果你的目标是最大限度地提高与每个消费者的关系的长期价值，那么在任何时候，采取的行动都应该支持这个目标。如果这意味着要取消那些隐性费用或降低高利润产品的价格，那就做吧。长期利益终将超过短期利益。

CLV并不意味着必须降低价格或消灭各种短期利益来源。如果我们在短期内几乎无利可图，那么长期利益将仅仅是一系列很小的数字之和。

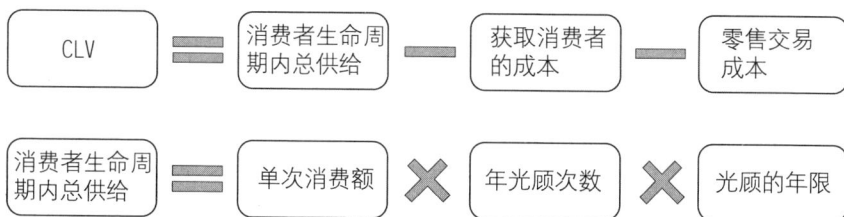

图2.1　CLV公式

> 正如经济学家约翰·梅纳德·凯恩斯的那句经典名言所说，从长远来看，我们都死了。

确实，用CLV公式处理与消费者的关系有一个缺点：未来本质上是未知的，因此会涉及诸多风险。如果我今天要你给我10英镑，并承诺在一个月后还给你15英镑，那么你在决定是否贷款给我时，肯定会考虑我会不会在拿到钱的当晚就溜掉。

因此，当下的利益与将来某个时候的利益，两者相较会有一个"诱惑"。经济学家称之为折现率——金钱的时间价值，它很明智地解释了我们可能不会总是以今天的利益为代价来追求未来的利益。

董事会有太多关于价格和商业策略改革的讨论，那些鼓吹改革的人听起来像是花花公子，他们想改革，只是因为这看上去像是在做正确的事。任何财务分析报告支持的改革，其益处似乎永远都无法在当下兑现。

但是，关于CLA存在一个严峻的现实。如果你继续收取看上去不应该收取的预订费、有惩罚意味的退货费或荒谬的保修费，其结果就是消费者转而到其他地方去购物，从长远来看，你的生意将会死掉。

要解决这些具有挑战性的问题，就要用发展的眼光去看，分析如果不改革后果会怎样。观察消费者对价格或商业策略的反应，了解竞争对手或新入局者如何改变行业规范，是本案例的关键。

从这里可以看出，我们对新常态的分析如此有力。新常态下的这条规则之所以重要，不仅因为它是真实的，还因为它相对较新。从前，消费者可获得的信息较少，共享信息的成本较高，我们现有的商业策略有合理的，甚至可能确实代表了最大化CLA的策略。我之前介绍的订阅业务可以证明，把优质服务提供给那些看上去要离开的消费者，把普通服务提供给那些稳定的消费者，这一策略是最有价值的——不仅在短期内是如此，在长期内也是。

世界变化了，因此我们的商业广告也必须做出改变。接下来我们将讨论，当消费者认为自己受到不公平待遇时，他们能表现出从未有过的团结、投诉或吐槽的能力。技术的发展降低了许多行业的入行成本，新入局者从未有过如此唾手可得的机会，通过解决这些投诉，塑造自己捍卫消费者权利的形象，抢走你的生意。

☑ 聆听的力量

回应享有知情权的消费者，第一步应该是考虑每个消费者的生命周期价值，第二步是主动地、聪明地倾听他们的诉求。

以前的商业模式或定价策略有着许多问题，这些早已经反映在当前消费者的态度和竞争对手的行为上。稍后我们将讨论一些你可以使用的技巧，以保证你和团队能真正有效地利用消费者的反馈意见。然而，在新常态下，你还必须正确地倾听网络上的意见。

我曾经与一个休闲餐饮品牌的团队进行过对话。见他们之前，我花了几周时间浏览了推特和脸书上明显是竞争对手留下的一些评论。在我们见面后，最让我印象深刻的一点是，他们精心打造的品牌形象和市场调研计划与消费者在网上互相讨论的完全不是一回事。如果你想了解人们对你的真正看法，不妨一头扎进鱼龙混杂的社交论坛中，没有比这更好的方法了。

当董事会做出决定时，尤其是关于商业模式和定价策略，坐在会议室里的人们与消费者就不在同一个世界。我曾向一个我工作过的品牌的董事会做演示，展示英国家庭平均收入的消费水平。我们讨论每个月的价格可以涨多少，这听起来像一个学术讨论，对于普通人来说，这意味着是购买我们的产品还是给孩子一次暑期度假。

定位产品或定价策略需要完善的方面，关键方法之一就是积极倾听消费者（包括竞争对手的消费者）。我们需要有足够的证据来支持一个分析，即如果短期内不管消费者的需求是什么，我们都尽量满足，那么长期来看我们可能会损失多少，这样，我们基于CLV的商业策略将会更加强大。

🗐 行动方案

你如何听取消费者的意见？我从没见过零售行业的人说他们不在乎消费者的想法，但收集消费者反馈的方式因企业而异，如下所述：

- 你是否花了足够多的时间在自己的实体店里，陪消费者聊天或处理投诉（而不是像皇室那样进行形式主义拜访，只在这上面花了一天时间，然后剩下的一年都在谈论这次拜访）？

- 你是否参与主题讨论或者更具有互动性的消费者讨论会，并且在会上可以对问题进行延展与拓宽讨论？

- 你是否与竞争对手犯了同样的错误——只聆听和你有业务往来的消费者的声音？

- 你是否阅读了意见簿上的评论或其他消费者反馈？我认识的大多数高管都会花时间阅读反馈报告摘要，这些报告包含各种打分的问题，但很少有人会阅读原始文本里面的"其他意见"部分，但那里通常有着许多信息。

- 你是否在客服中心接过电话？

- 你是否亲自回复过消费者的电子邮件或他们在社交媒体上发布的投诉？

一个企业的高管应真正了解消费者和竞争对手的想法，这样的企业才能自证强大。你的"消费者关系"项目是如何组织的，这在你的管理团队中能否有效发挥作用？

> 不要像某个企业的CEO那样，只是和自己的司机交谈过几次，就吹嘘自己了解消费者的想法。

了解消费者的想法还有另一个好处，那就是让他们了解你可能会采取的定价策略和商业模式，他们可能不喜欢，但至少会认为是公平的。这需要你在这条规则和最后一条规则之间取得平衡。

在规则一中，为了避免被低价竞争者抢走市场，我们讨论了寻找溢价机会的重要性。然而，我们现在已经意识到，过去让我们获利的业务机会，在新常态下不再为消费者所接受。那么如何分辨消费者可接受和不可接受的定价策略呢？

答案自然是在消费者手上。虽然每个消费者都希望每种产品比实际价格便宜，但很少有人会反对这样一种观点，即差异化的、稀缺的和定制化的产品比不具备上述品质的产品能产生更多的溢价。所以要想区分科学的定价策略与过时的、欺诈消费者的定价策略，就要足够了解消费者，以预测他们对特定策略的感受，以及如果你这么做，他们会有什么反应。这是一门艺术，而不是一门科学，我们将在第二部分进一步讨论，我们如何做好准备。

☑ 小结

你已经看到，新常态改变了我们竞争优势的来源，因为消费者更加了解情况，并且随着新入局者如雨后春笋般涌现，消费者拥有了更多新的选择。

我们的当务之急是通过改变我们自己和产品，来应对这个改变了的世界。关键是要从长远的角度看待我们与每个消费者关系的价值，即使有时会为此牺牲短期利益，要始终关注替代方案的成本。我们不容许其他人蚕食我们的业务，也不容许自己轻言放弃。

在现实中完成季度收益目标和短期激励计划是一件很难的事。在第二部分中，我们将探讨，为了重塑零售业务，我们需要在哪些地方建立共识以及需要的工具。

此时，该探索新常态下的另一条规则了。我们在本章也曾多次提及它，如今，你的品牌声誉比在以往任何时候都重要，它能成就你的事业，也能毁掉你的事业。

03

第三章
规则三：品牌声誉决定业务成败

　　回想上次去一家新餐厅时的情况，你可能正在度假，想品尝当地美食，或者你很想去某家主打家乡特色菜的新餐厅。无论哪种情况，我都知道出发之前你做了攻略。你会在猫途鹰或Yelp上查看评论、评分和建议，甚至还可能在这些网站上查看自己中意的餐厅的菜单，开始考虑坐在那里你会吃什么。

　　我们过去想要知道度假胜地餐厅的相对优势得靠猜测，现在看来，这几乎是不可思议的。我们可能通过酒店礼宾处或者和其他客人聊天得到一些信息，但除此之外，要挑选最好的用餐地点，就得跟着漂亮的招牌来到餐厅，看看那里是否有干净的亚麻桌布和衣着光鲜的员工，这些工作像是侦查演习。

　　这种打游击式的方式，既有优点也有缺点。优点就是偶尔碰到惊喜的餐厅，有一段非常愉快的经历。缺点很明显，很多人都有过这样的经历：来到一家糟糕的餐厅，这里除了餐巾纸好看，简直一无是处。

如果生活在随处可获取网络评论的世界里，对于我们消费者来说有利有弊，那么对于餐厅老板来说又意味着什么？

一连串三三两两的不良评论会持续损害餐厅的生意，显然餐厅老板无法承受这样的后果。

既然差评有负面作用，那么好评就有极大的价值，值得我们挖掘出来，加以总结。不言而喻，这种希望避免差评、获得好评的压力会有一定的积极作用。短期内，餐厅将不遗余力打造最好的品质：准时将菜品送上餐桌，研究更可口的菜式，全面打造一种非凡的体验，让你十分乐意推荐给朋友。从长远看，未能实现这一目标的企业可能会陷入困境，在自由市场达尔文主义的推动下，被做得好的企业取代。因此，网络评论带来的影响对所有人来说都是好的（糟糕餐厅的老板除外）。

当然，即使最好的餐厅也会告诉你，生活在没有负面评论，可以免费自由浏览评论的世界里也有缺点。有一些狡猾的消费者会借此勒索商家："给我一份免费的甜点，否则我就给你差评。"

餐厅开设之初，快速获得高分对这家餐厅有着举足轻重的作用，不难想象，背后的业务团队会为此专门招募朋友和家人写点评；也不难预料，餐厅里聪明的员工肯定会提醒在店里有过美好体验的消费者去网上给个好评。

失败的企业可以学习一些技巧来挽回网络上的声誉。我家附近有一家特别糟糕的餐厅，在过去3年餐厅名字更改了两次，我一度怀疑这是因为餐厅老板想要隐藏过去的一星差评。

餐厅（和与其有密切联系的酒店）形象地诠释了口碑如何建立又如何失去，相同的影响也体现在酒店行业和许多其他零售行业。在几年前，只有25%的消费者会选择在线购买电影票。但是，如今换个角度看看与互联网行为（消费者常看电影简介，阅读电影评论和关于影院选址本身的评论）相关的电影票销售占比，答案不言而喻。因此，即使产品销量不直接靠在线平台推动，也会在一定程度上受到网上口碑的影响。

口碑对产品销量的直接影响更是如此。例如，广告效应，当电视上有个名厨提到某种调料或者某个好用的厨具时，在接下来的几周，这些产品的销量会激增。现在网络舆论也有这种影响，任何在推特、脸书和Reddit或其他社交媒体平台上的讨论，比如最好的花园软管品牌或不同制造商生产的男士衬衫的优点，都可以对产品销量产生直接的、可量化的影响。

所以，我们在本章介绍新常态下的另一条规则：品牌声誉决定业务成败。它与网络息息相关，会对你的销售和盈利能力产生巨大影响。

☑ 品牌与在线网络

关于网络上的品牌声誉，如下几点值得特别关注：

- **评论具有非常大的流动性**。写评论的人往往受个人体验影响，通常不容易包容他们眼中的错误。能像专业人士那样分析品牌的利弊，权衡再三才下笔的人，在网络上实属凤毛麟角。评论区大多是"这太棒了""这太糟糕了"之类的空洞评论。

- **时间影响网络评论。** 一方面，人们往往只看最近的评论，不会翻回其他页面，所以靠前的页面上显示的是最新的评论；另一方面，评论永远不会自动消失，所以如果靠前的页面包含很久以前的内容，那么它们仍然会影响你现在的业务和声誉。

- **作为消费者，我们尚未学会如何分辨有影响的评论和不相关的评论。** 我们能主动屏蔽"智障"言论，过滤掉完全让人不知所云的评论，但除此之外，我们很难分辨这个评论者的观点是否和我们的观点一致。因此，来自和我们并无关联或消费需求不匹配的消费者的评论，仍然对我们有着重要影响。

- **和其他事情一样，消费者评论也会有跟风现象。** 当一系列好评占据主流时，其他消费者更倾向于认同这些已经形成的观点，像一种站队的模式。同样，太多差评会让消费者产生另一种思维方向，反思自己是否也有同样不愉快的经历。

- **有些人总想留下与众不同的评论，显得自己"鹤立鸡群"。** 同样，有些看评论的人，也喜欢"不拘一格"。我的一个朋友，总是选择性地去看一星差评，即使这些差评只占极少数。其实，她只是选择性地不去浏览那些令人愉快的购物体验。

- **评论会在不经意间传播得很快，尤其是文笔出众且幽默有趣的评论。** 这对于企业家来说非常不友好，因为语言组织得体且富有幽默感的差评也容易获得更大的曝光量。

关于品牌声誉的评论不一定全部出现在大众论坛。在某些行业，行业论坛成为评论的聚集地，如猫途鹰就已成为酒店业查看网络评论的在线枢纽。

> 对于某些行业来说，网络世界里的品牌声誉决定业务成败。

如果我计划加入一家高尔夫俱乐部，或者为我的孩子寻找某个玩具，我很可能会在脸书、领英上寻找评论、建议和反馈。事实上，许多以航模爱好者、新手父母或某类汽车车主为主要人群的在线社区也会有一个"大众讨论"板块，里面不乏对你的品牌或褒奖或贬损的人，即使你的品牌并不属于这里面的任何一个领域。

📖 行动方案

在网上搜索自己的品牌，花些时间阅读消费者评论，了解他们讨论的是哪些问题。在搜索框简单输入你的品牌，再加上"评论"一词，当然，你还可以凭兴趣添加"糟糕""可怕"等关键词来缩小搜索范围，这些尝试都会带来有趣的答案。

先出现的搜索结果往往显示在几大主流网站上，但是，还请再花些时间浏览后面的页面，找到更多隐晦的讨论内容。通过添加"博客""讨论"等关键词来缩小搜索范围也许能帮到你。

使用以上两种方式搜索品牌评论，能从中学习到两点。首先，凡事都有两面性，需要兼顾好与坏两个方面。一方面，要明白这些评论并不具有科学性或统计学意义，不一定能带来有效反馈；另一方面，这也是未经过滤镜美化的真实一面，对于了解消费者如何看待你的品牌，具有难以估量的价值。其次，通过网络搜索，你能了解关于品牌定位的讨论。虽然你无法从只言片语里获取有效信息，更没有时间阅读它们，但是当你发现集中的讨论（也许是专门针对你的产品爱好者的论坛）时，你就可以多加留意，供未来参考，也可以考虑让你的新媒体团队代表品牌参与讨论。

> 我曾经与一家企业合作过，这家企业的高管对内部消费者服务水平的认知很抽象，甚至都不知道他们的客服中心即将崩溃。事实上，他们只需要在网上花两分钟，就能完全了解这一点。

☑ 政治警示课

政治世界提供了一个有趣的类比。曾几何时，政客名流（通常是男士）时常在电视或广播节目上面对庞大的观众群体发表演说，分享他们的观点。节目的内容都是事先安排好的，在特定的场合进行录制，而且通常很无聊沉闷。

好吧，那个时代已经永远消失了。政客现在有很多机会在24小时在线的媒体上与网民互动，互动内容的可操控性和严肃性大大降低，在线媒体提供了一种更加"真实"和有趣的交流方式。而且，如今的政客还可以通过社交媒体或其他渠道直接与他们的支持者、选民互动。

这就是当代政治与以往不同之处，政客有更多的渠道用来深入选民内部，打造自己在选民心中的人设。他们可以幽默，可以粗鲁，可以与别人辩论，可以通过参与竞选活动迅速成名。

确实，我们现在走到了这样一个舞台，直接面向选民的在线渠道对于政客来说可能比传统媒体更重要。我们已经看到，世界上一些领导人成功当选的背后，离不开推特的"助攻"，虽然这不一定总是好事，但我们也不能否认这一事实。这也是新常态的一部分。

这一规则如果对政客适用，那么对品牌和企业也适用。

> 许多企业坚持使用传统工具管理自己的品牌，这让它们更像活在19世纪50年代而不是21世纪。

一群高管在广告商的安排下，聚集在董事会会议室，参与"我们的品牌价值"讨论活动。然后，营销部门被派去把这些品牌价值插入这一季的电视广告，展示给细心的观众。结果呢，人们往往打开Netflix，却完全忽略了这些广告。

在新常态下，我们如何真正建立和管理好品牌声誉？没有业务目标和竞争者策略做参照，犹如闭门造车。那么，在一个谁都不想被说教的世界里，我们又该如何建立和维护品牌声誉？

接下来，我们将介绍在新常态下，每个消费品牌都应该学习的4点经验。

正确的起点：你是谁——强大品牌立足的事实

我参加了太多主题为品牌和广告的高管研讨会。它们通常有着类似的形式，机构往往会提供一些有价值的工具来激发讨论，还有一套框架可供小组研习，也有一些讨论习题供会后实践。

在某些时候，所有这些框架都需要围绕"我们的品牌价值"——一组单词或短语，旨在完美包装某企业的品牌内涵。讨论结果如你所想，一般令人费解。一段时间后，随着讨论的结束，真正有趣的想法也就不存在了。这就是为什么这么多品牌文化中都包含"有趣""创新""可信度"这些字眼，因为它们太明显、太常见了，任何人都无法真正去反对。它们是品牌发展游戏中的最后一组形容词。

但是，结果让我们明白，真相已经和我们渐行渐远。

我以前在一家享有盛名的企业工作。这家企业过往风光无限，定期涨价，充分发挥其强劲的市场地位优势，也正因如此，企业效益非常不俗。某日，一群忧心忡忡的高管邀我参加品牌策略讨论会（有人曾将这家企业描述为一颗恐龙蛋，有着坚固的保护壳，所以他们能邀请我是非常不易的），我建议从消费者对企业的实际期望出发来探讨品牌的发展。毕竟我们不希望品牌价值被消费者贴上"贪婪的混蛋"之类的标签，所以更要从消费者的角度去思考品牌的定位策略。

然而，我发现自己白费口舌，因为在座的与会者没有人想听消费者的实际想法。讨论仍在继续，最终，得出了一个他们认为独一无二的品牌价值——"有趣""创新""可靠"的组合。而且还按照过去的想法，希望能推出一些让人难以忘怀的广告。

事实就是，你的品牌不只是你想要的那样。

在某些方面，你自己对品牌的期望是最不重要的一部分。除非你是一家完全没有人听说过的新企业，你的品牌形象主要来自消费者或者潜在消费者。

有一种说法是，品牌形象就是人们在背后对品牌的评价。在新常态下，互联网创造了如此之多的"背后空间"，这句话从未像现在这样真实。人们有权利赞美你，也有权利批评你，有为你造势的能力，也有诋毁你的能力。因此，倾听"背后空间"的意见，不失为一个好主意。

你还可以通过各种市场调研来做到这一点，这样会得到不错的效果。与一个可靠的第三方合作，确保其调研的对象是正确的，以及它会了解这些人的想法并聆听他们的答案，如实告诉你结果。在新常态下，你可以在网络上倾听关于你品牌的讨论，这显然是一个极好的方面。现在你就可以合上本书，暂停行动方案练习，开始实操。

在第二部分中，我们将讨论新常态下企业需要的基本技能，其中搜集信息的技能可谓至关重要。确实，对于在新常态下长大的孩子和在此之前长大的孩子来说，生活方式简直有着云泥之别。如果世界上的所有知识你都触手可及，那么搜集信息就不再是重要的技能了，过滤信息并找出精华的技能更重要。

现在，在网上找到消费者的评论，勇于倾听他们真实的意见，是新常态下品牌发展的必经之路。但时，这并不意味着所有你听到的负面评论都值得采纳。

> "从我们这里购买吧，我们的消费者服务太糟糕了"不能吸引消费者。同样，如果所有人都知道事实并非如此，那么"从我们这里购买吧，我们的消费者服务很棒"这句话也不能让你胜出。

失败的品牌让所有人失望。当你的消费者对你评价不高时，你店里的一线员工每次看着高预算制作的广告都会感到尴尬，这真是对广告预算的浪费。

因此，建立强大的在线品牌声誉，第一步是倾听消费者，了解他们当下的想法。但是，当你搜集到这些信息后，你是怎么处理的呢？

以下这两点至关重要。

第一，如果听到有损品牌的负面评论，你为什么不解决这些问题呢？解决问题的过程才是真正的品牌发展过程。比起制作一些花里胡哨的广告，倾听消费者，将投诉归类，根据企业策略来解决问题，才是增加收益的有效途径。

你不必解决所有问题，事实上你也无法解决所有问题，但是你可以倾听与你品牌有关的人的意见，让他们为你制定品牌策略提供智慧。消费者只会将自认为有价值的东西赋予积极意义，而不是被广告牵着鼻子走。从另一个方面来说，这也可以成为你员工发展策略的助推器。

第二，如果消费者认为你的品牌令人兴奋，让人充满活力，体验过后却发现无聊乏味，就证明你在营造一个让团队能够给品牌带来生机的环境上有些失败。在本书的第二部分，我们将探讨如何使你的 线团队参与业务策略，帮助他们让你的品牌恢复生机，这也是这一章的主旨。

根据消费者的真实反馈，你需要着手做的另一件事就是根据业务来黏合这些品牌价值。消费者认为你的品牌够新潮、够原创吗？如果不是，你还得精益求精。消费者认为你的产品比竞争对手便宜吗？如果不是，你就要借助品牌宣传活动，竭尽所能保持价格优势。

> 无论你做什么，都不要忽略从消费者的思维出发这一现实。不能做到这一点，只会导致沟通失败和低效。

真实性胜过一致性——忠于自己

真实是一个有趣的词，不是吗？一些深受消费者喜爱的知名零售和消费品牌拥有强大的品牌认知，因为它们有着一种我们称为真实性的品质。如果一个品牌个性鲜明，那么在业务合作过程中，我们随时随地都能发现它的闪光点。通常因为这些品牌背后确实有很强的个性。许多创始人、领导者或家族企业管理者都能实现这一目标。通过营销活动和广告传播，企业展示了清晰的企业形象和价值观，因为其背后的形象确实如此。英国零售品牌Lush很好地证明了这一点。Lush是一家销售香皂、化妆品和其他美容产品的零售企业，主要面向年轻、精明和富有活力的消费者群体。它的执行力非常强，在充满活力、香气浓郁的店铺里，流动的产品演示和其他互动每天都在进行，吸引了众多目标消费者。

该企业也热衷于各种社会活动。有些广告活动不止针对产品（如做动物测试），也涉及消费者认为重要的其他方面，比如保护野生动植物免受气候变化的影响、支持移民等。

推广活动执行的流畅性和广告活动的连贯性通常归因于以下事实：由创始人领导和推动，并将他们的信念反映在推广活动上。

但是，这不意味着你需要像企业创始人那样，始终拥有超强的品牌观念。瑞安航空（欧洲一家廉价航空企业）对廉价航空旅行的态度是"如果你不喜欢它，就不要买"，这可能是受其CEO的影响，但他并不拥有这家企业。

> 有鲜明的个性，将其热情地传达给消费者，这才是打造品牌真实性的关键所在。

真实地展示产品形象，知易行难。企业领导周遭都是试图和稀泥、愚弄领导或表达折中意见的人。为了避免冒犯别人，制造负面的头条新闻或被其他企业起诉，企业有时会在广告上胡诌一通。

但在新常态的现实情况下，每个人都可以看透这一点——没有正视你的企业。如果一家企业靠个性特征区别于其他企业，消费者即便不同意广告中表达的内容，当他们看见真实的个性时，也会捍卫这种如实表达观点的权利。

我曾经在一家从事订阅业务的企业工作，据我观察，多年来，企业订阅业务的价格都有上涨。几代管理层都认为，履行企业义务，维护消费者知情权的"最佳"方法，就是将价格上调，并且他们把这一观点用长篇大论展示出来，把价格变化放在不起眼的倒数第二段（直销商都知道，很少人会去仔细阅读）。这样的企业难怪会有"贪婪与狡诈"的品牌形象。

作为实验，有一年我们采取了相反的策略，写了一封简洁明了的信，开头就是价格上调的消息，然后用几句话概述了我们今年这样做的理由。结果非常惊喜，比起隐瞒信息，消费者的反应好了太多，我也证明了自己的团队合理又出色地完成了一项工作。

在经营零售业务时的信息表达上，我还有其他类似的经历。我收到过一封愤怒的消费者投诉邮件，他对一个措辞糟糕的促销方案感到不满。他的言辞粗鲁，并给我们总部团队中的一些员工打了咄咄逼人的电话。最后，我让他滚开了。我认为他最初的抱怨是有道理的，我们也尽力纠正问题，但这绝不是他粗鲁行为的借口，我表示不希望他出现在我们任何一家实体店里。不用说，他很生气，并试图立即在脸书上通过发布我们的私人电子邮件交流记录来与我对质。不过，我们的团队很高兴地发现，网上的消费者一致同意我们的立场，认为我们完全有责任保护自己的员工免受伤害。

这是一件解决消费者投诉的小事，写"我们对给您带来的任何不便感到抱歉"这类道歉信很容易，但事实证明，发表鲜明的观点并告知大家真实情况才是更好的方法。

行动方案

不真实的品牌在我们身边随处可见，想想你的企业形象到底是什么样的？是很久没有推出新产品的创新型企业，还是规模不大但有趣且大度的企业？

好吧，很不幸，如果其他企业是这样的，那么你的企业也很有可能如此，不妨与你的团队讨论以下几个问题：

- 我们是否清楚代表企业形象的是什么？（如果不清楚，你可能需要在高管之间开一场研讨会，对此我不得不献上我的同情。）
- 消费者如何知道我们的立场？
- 如果答案是我们在广告中告诉了他们，那么还是不够好。对于企业形象，要让消费者与我们得出一致的结论，还可以从哪些方面着手？
- 同样，如果消费者认同的企业形象与我们倡导的不一致，我们又该何去何从？
- 最后，讨论一下我认为在策略制定上功能最强大的一个问题：如果依消费者所见，这就是我们的企业形象，那么哪些事情我们不能做？

还有最后一只拦路虎。如果你和你的团队清楚在品牌打造的过程中的一些底线原则和永远不会容忍的行为，那么你可能不仅要进行品牌定位，还要将其呈现给外界。

在实践中，管理团队经常将真实性与一致性混为一谈。他们的理由是，如果我们要发表一条意见，那么在所有沟通中做到语气一致肯定会更好。

这是一个大错误。一致性来自层层检查和批准，这与真实性相去甚远。试想一下，一群厨师与消费者沟通的方法有点像高管的品牌会议，这个场景怎么样？在一致性的框架里，所有有趣的东西会被某人否决，而一个流程走下来，最终的效果还是平淡无奇。

如果你品牌的两个拥护者彼此之间有点矛盾，而两者的出发点不同，那么消费者将会理解这种矛盾。关于产品或消费者服务的事实信息是矛盾的，这不是借口（事实上，我们整整一章都谈到了这种可能性的危险），但让不同的声音以各自的方式表达你的品牌价值是积极的，而非消极的。

消费者创造声誉而非流程——找到你的品牌形象大使并给予自由

品牌价值需要多种声音去表达，作为消费者业务本身，你天然具有表达的能力。诀窍是如何寻找和培育这些声音，并授权它们代表自己的品牌形象。

一家标志性的英国零售品牌HMV（主营音像制品），它在多年前陷入困境，逐渐走向破产，到最后总部不得不裁员。对于每个牵涉其中的人来说，都像一场噩梦。

遗憾的是，因为社交媒体团队运营不当，HMV的悲剧有着"乌龙"的一幕。会议室里的高级主管并没有想到，在解雇员工之前，明智之举是先回收他们对品牌官方社交账号的登录控制权。当社交媒体团队在推特上实时发布自己被裁的消息时，不难预见高管的惊恐表情和数百万在线网民的病态狂欢之景。

几周后，我接受了某零售行业杂志关于此事的采访，我认为这对大型企业意味深远，提问者肯定会问到这一点。品牌方应该收回社交媒体账号的控制权，并主张公布于众的网上通稿都必须获得律师批准。毕竟，品牌方授权社交媒体经理来经营官方账号，就好比品牌方将自己的声誉交给了"25岁的初级市场营销人员"，争议就由此诞生。

我的回答很简单。如果年轻员工和新手负责管理品牌声誉，而且品牌本身已经陷入困境，换作任何品牌方都会对此表示担忧。因为每周数以百万计的消费者走进店里，接待他们的正是这些员工，消费者会根据和员工之间的互动形成自己对品牌的印象。

> 如果你希望年轻员工能很好地为你的品牌形象背书，那么让他们充满热情，与品牌发展同频，成为品牌的拥护者，将是明智之举。

如果你不希望这群年轻员工告诉别人他们在企业的糟糕待遇，那么从一开始就要对他们很好。

希望你的企业不会有上文的问题，但这个故事有着更广泛的意义。一方面，要授权运营代表品牌形象的社交媒体账户的这些年轻人，让他们以饱满的热情工作，对企业十分重要；另一方面，在消费者业务中以相同的方式提高所有员工的能力也有着同等的重要性。

这是一个重要的三阶思想实验：

1. 假想你站在人山人海的消费者面前，介绍你的品牌。你正站在高架舞台上，只有麦克风。你可以看到观众，放眼望去还有些灯光照不到的地方，视线不是太好，你正在讲话。这就是在20世纪做营销传播活动的感受。当然，也有一些观众互动——如果你让观众发笑了，那会很明显；如果你说了些什么特别糟糕的话，你会听到杂音和嘶嘶声。但是从根本上说，你仍然是单向地传递信息。

2. 现在，想象一下8~10个消费者与你一起围坐在桌旁，你们可以看到对方，桌子上还有一些饮料和小吃。现在，关于品牌的沟通过程有很大的不同了，人们相互干扰，有人会反对你的说法，也有人会附和并放大你的说法。一段时间后，他们也会开始与倡导者互相交谈，甚至唇枪舌剑，这种敌对的状况让他们感到沮丧。你是讨论的参与者，当然，你拥有一定的权威和声誉，代表着品牌的形象，但你的发声不再像广播时那样。你正在参与讨论，分享主张，进行说服和互动。在新常态下，营销从最初的那样演变成现在的情况。

3. 现在，想象桌子周围的10个人里有两个是一线员工。他们也会参与对话互动。他们会捍卫你的品牌形象，也确实愿意这样做，他们会同意你在业务上提出的批评，并会自行承担策略上的目标和责任。随着围桌讨论的进行，消费者与一线员工之间也会展开讨论，你也有机会进行干预，但过一会儿，小组中的消费者会认为这两个员工就是你品牌价值的代表。

最后一种情况展现的是当今的营销方式。你当然可以发布信息，但是一旦这个动作完成后，你与消费者将会有进一步的互动，引发混乱且嘈杂的讨论。每个与消费者交谈的员工都将围绕着桌子坐下，他们通常会支持你发布的信息，但是也会保留自己的见解和看法。

那么，到底如何确保这些讨论的结果都能让消费者喜爱并欣赏你的品牌，进而与你的企业有更深入的关联，想要购买你的产品呢？

这里有一些实操步骤可供参考：

- 一旦有了令你感到满意的品牌定位，你就可以开始开发项目，至关重要的是要招募到可以代表企业形象的员工。这意味着所有员工——店员、送货司机、销售、客服和服务工程师，每个人都要能代表企业形象。

- 组织中的每个人都了解企业的形象还不够。他们必须认同这些信息，这意味着要么改变信息直到你的团队相信它，要么改变你所做的事情来证明你说的话是认真的。如果你向全世界展示了一个基于你员工的专业知识和技能的品牌形象，但同时他们看到你削减了培训预算，那么这个品牌形象不仅不能留住消费者，也留不住员工。

- 实际上，与第三方咨询机构坐在一起头脑风暴，然后尝试让消费者去拥护你的品牌不是一个绝妙的主意。现在，许多知名企业正在从反方向做这件事——寻找方法与来自世界各地的人们共同创造一个品牌，产生更加真实的结果。与我合作的一个酒店品牌做到了这一点，它跨越多个欧洲国家，不仅创建了出色的品牌声明，还围绕着它建立了一个跨越边界和语言障碍的联盟。

承担责任，活在当下，为错误迅速道歉

在新常态中发展和培育品牌声誉具有一定的风险。员工一句灰心丧气的闲话可能就会令消费者失望，吓走消费者，一条粗心或者

鲁莽的推文可能会激怒读者。24小时在线的数字世界和无情的速度可能意味着标准下降。信息受到的审查更少，愚蠢的错误不断蔓延，来自互联网匿名账户的恶意攻击得到了更多的关注和回应。

但是，如果有经验和适当的资源，所有这些风险都是可以管理的。投入时间和资源来与客户建立品牌"对话"是艰难的一步。在社交媒体上尤其如此，因为社交活动和销售之间的直接关系往往难以证明。

但是，当你的品牌如此重要，而你能影响的潜在人数如此之多时，投资就是必要的。

> 我见证了太多零售企业不愿再雇用第二个或第三个社交媒体经理，他们仍耗资数百万英镑在电视台投放广告，即使受众看上去少得可怜。

社交媒体不是一个你可以吝啬投入的领域，它可能会成为摇滚明星营销的下一个战地。在英国和美国，不难看到一些品牌通过一个或多个精通社交技巧的社交媒体经理，获得了与品牌规模不符的收益，这些社交媒体经理在社交媒体上将品牌打造得十分讨喜，使人们乐意去回应和转发，从而带来积极效应。

一批网红品牌相继诞生，我相信还会涌现更多。在塑造品牌的路上，一个人在网络上单打独斗十分困难，如果你找到一个可靠的团队，那么你应该留住他们。

正如我们已经看到的，投资于品牌传播不只是建立你的社交媒体运营团队。在世界各地的实体店和网点里，每天都有数以千计的员工代表着品牌。因此，最成功的品牌管理活动越来越多地致力于与员工共同创建品牌形象，在业务中广泛分享品牌信息，并改变政策，使员工能够真正为消费者提供服务，这在现代消费者业务中已经非常普遍。从这个意义上说，人力资源建设和培训团队现在对你的品牌传播比市场营销更重要。

☑ 小结

总之，新常态改变了我们创建品牌、壮大品牌和提升品牌口碑的方式，并且实现这些目标也变得越来越重要。有关你品牌的信息或故事，不管是正面的还是负面的，只需几分钟就可以在互联网上迅速传播。你的所有员工都能成为品牌形象的积极缔造者和拥护者，对于品牌来说，能够影响成千上万的人，比以往任何时候都更为重要。

在第二部分，我们将探讨树立好的口碑必要的工具和知识。现在，让我们思考新常态下零售企业面对的另一个现实——实体店的角色发生了永远的变化。

04

第四章

规则四：地理位置仍重要，作用方式大不同

我不记得确切的数字，但我认为是2.8英镑。是的，高速公路服务站里一袋糖果的售价为2.8英镑。我甚至不确定还记不记得那些糖果是什么牌子，可能是Minstrels。

我清晰地记得在看到这个糖果价格时的惊愕，当时我什么都没买，转头就走了。一路上剩下的时间里，我都在思考定价策略的问题。

当然，仅仅拿WH Smith开刀是不公平的，它是一家在服务站和公共交通场所开文具店和昂贵的糖果店的连锁商。它做的是个好买卖。通常，你从连锁咖啡店买的咖啡，从小吃店买的午餐，以及在机场、火车站和其他旅游中心购买的许多其他产品，都比在商业街上买的要贵。

正如我们在规则一中所探讨的，那里贵有贵的理由。总体来

说，当你在那些地方有购物需求时，你会很着急，并且能买到你想要的东西的地方不太多。在这场完美的风暴中，有时间压力的消费者和有限的竞争会导致不可避免的结果——更高的价格。

我可能没在那家店买巧克力，但很多旅行者会买。因此，找到有赚取更多利润机会的位置就变得十分有意义。

☑ 位置的力量

除了上述在定价策略方面的实例，我在高速公路服务站的经历也说明了任何零售企业的策略都关乎位置的价值。产品遇到正确的时间和正确的地点，又刚好消费者在有需求时找上门了，这样就达成了交易。

位置在营销理论中具有悠久的历史。确实，在著名的营销4P理论中，位置（Place）是其中之一，其他3个因素是产品（Product）、价格（Pirce）和促销（Promotion）。

> 在传统的营销理论中，位置具有价值是因为，购买对于消费者来说是一件相当昂贵的事情。

从财务意义上讲，买东西不一定很昂贵，但是这种购物行为需要花费时间和精力，一个一个地挑选供应商。

回想一下购买冰箱的例子。在以前，那意味着从一个实体店到另一个实体店徘徊、挑选，抄下型号和价格，进行对比分析。那可能意味着你自己开车或坐上从一个零售商场到另一个零售商场的公共汽车，整个过程是如此困难，以至于大多数人最终只去了一两个地方，然后从其中一个地方购买。在非零售行业中也一样。是的，我们知道在雇用建筑承包商之前会做一些功课，拿到三四个竞争者的报价，但是对许多人来说，找到这么多构成竞争关系的承包商，再来来回回安排他们到家看看，这些工作实在太让人头大。

所有货比三家的障碍都会让我们想到在规则二中介绍的交易成本，即我们每次试图获得其他报价或拜访其他零售企业时都会带来的财务和非财务成本。在交易成本相对较高的世界中，消费者不会经常为了货比三家而大费周折。引用伍迪·艾伦的一句话："出席花费了人生80%的时间"。

如果你是零售企业，但凡消费者有购物欲的地方，都请确保那里有你的实体店，这样，你不用费心盯着竞争对手，就可以从出现在店里的人身上赢得可观的利润。

在这个高交易成本的世界中，企业非常重视所谓的"渠道策略"，以确保其产品、服务或实体店容易被消费者看见。如果你能赢得"发行游戏"，你最终就会赢得销售。

对于零售企业来说，这通常意味着在尽可能多的地方拥有尽可能多的实体店。和零售行业一同成长起来的高管同样拥有这种心理。直到今天，很多零售行业企业的财务业绩都植根于其拥有的实体店规模。

在最极端的情况下，在同一个城市里有着多家聚集的实体店的零售企业对渠道尤为重视。在同一市场上为不同的实体店支付房租和员工薪水，明显是非常低效的。企业怕消费者逛遍所有实体店，却没有在一家达成交易，这种担忧在企业高管的心里挥之不去。

☑ 新常态下的位置

渠道策略的概念仍然非常重要，也很容易看出在互联网的影响下它发生了怎样的变化。正如我们之前探讨的新常态规则，如果能在网上列出产品的价格，并且每个消费者都可以立即访问这些列表，再通过简单的谷歌搜索了解产品或品牌，这样就大大降低了消费者的交易成本。

在网上一键搜索"冰箱"，不仅数万条网页信息映入眼帘，在前几页还显示着数十家零售企业和制造商的信息，还有比价的信息。消费者无须坐公共汽车来回奔波，现在他们可以在任何地方进行比价。

> 在新常态下交易成本降低，品牌的渠道策略也可能随之而变。

当然，网店与商业中心或零售商场里的实体店之间的平衡已经被打破。如果消费者无须货比三家，并且可以轻松地在网上找到想要的产品，那么无休止地在每条街道上找寻一个合适的店铺就显得不够合理。

想想在过去的十年里这类深刻的变化，在这个与以往截然不同的时代下，仍然有很多零售企业坚持实体店的渠道方式，这让我倍感惊讶。阅读零售企业的财务报告、演示文稿以及相关新闻报道，你会发现它们经常在开头提到它们又新开了多少家实体店。

确实，当谈起零售企业（或同一家店的销售增长）时，业内人士都会使用这一主要绩效指标，由此可以窥见他们面对新环境无法适从的心理。

将实体店销售绩效放在开头或中心位置并贬低在线零售绩效，

这种衡量基本上是对过去的回顾。

然而，尽管发生了巨变，我们的大街上仍然到处都是实体店，并能产生有利润的交易。主要消费品牌仍认为实体店是向消费者交付产品时极为关键的渠道。

显然，即使游戏规则发生了变化，价值依然源于正确的时间和位置的结合。在如今的世界，以成本或低于成本的价格出售产品线上的产品是非常有压力的，所以寻找宝贵的机会赚取利润比以往任何时候都重要。

渠道策略曾经是无处不在的竞赛，在新常态的规则下，鹿死谁手还难下结论。

首先，它取决于你所使用的产品类型。如果产品相当标准化且性价比很高（在网上与各个品牌相比），那么位置的重要性会降低（如冰箱）。但是，如果你的产品或品牌在某种程度上有一定的独特性（如时尚产品），或者难以与他人进行比较，维系消费者的一些旧价值依然存在。电子产品、视频游戏、书籍和音像制品从大街上消失了，但是服装实体店依旧在那儿。

如果你生产或销售的产品可以轻松地送货上门，那么你最好做出改变，调整渠道策略。长期以来，超市面临的最大挑战不是来自低成本对手的竞争，而是它们中的大部分已在超大城市外缘投资的大型超市。这些超市是我们过去每周必去采购、囤货的地方，我们将大量产品装进汽车的后备厢然后满载而归。现在我们所有想采购的东西都可以在网上轻松下单，然后在家等着收货，大型超市的商业模式发生了翻天覆地的变化，几十年前做出的购买商铺和建造大型超市的决定现在看起来就不那么聪明了。

如果你的产品在网上交付方面不是那么好，那么实体店零售渠道可能仍然需要进行微调。同样，一些类别的产品比其他产品更能抵御互联网风暴，比如鞋子和衣服，这是因为消费者希望在购买时能接触到实物。其他类别产品的实体店能够在大街上幸存下来，是因为它们的产品本身是生活化的小产品，或者太容易腐烂而无法用快递运到消费者家里，或者因为消费者的购买行为有即时性，他们希望无须等待就能即刻拥有。

📖 行动方案

过去10年你所在行业的交易成本如何变化，这对你的实体店利润意味着什么？在回答该问题之前，请注意该问题中的陷阱。当我们建立一个实体店时，我们不仅仅是在进行金融投资，更是在围绕这个实体店建立一个组织，该组织具有一套自己的风格和价值。

在这种情况下，如果没有评估你已有实体店的价值，就很难回答在新常态下你需要多少实体店。没有人愿意承认，3年前签署的10年期租约合同在新经济下可能算不上资产。这就是现实。因此，在考虑需要多少实体店（以及开在何处）时，首先需要考虑那些实体店在消费者关系中所扮演的角色。我们在上面列出的哪些类别适合你？你卖的是消费者马上就需要拿到的产品，还是他们很轻松就能在网上买到的产品？或者你卖的产品，虽然可以很容易地在网上买到，但你相信出色的实物展示有助于刺激更多购买？

在提出这个问题时，可以运用这个强大的技巧：假想你要白手起家，你首先要思考的不是你现在所处的位置，而是你要打造哪种类型的实体店，这才是问题的关键。之后的挑战就是如何从当下出发实现目标。

☑ 来自一袋糖果的教训

回到Minstrels，我刚才说过我不会拿WH Smith开刀，但不妨碍它是一家有吸引力的企业，值得仔细研究。多年来，无论是在大街上还是在公共交通场所的实体店中，他们遵循了一系列连管理专家都惊恐万分的策略。他们无情地剔除了表现不佳的产品，持续不断地大幅提高价格，在员工忠诚度、数据库或其他时髦的营销技术和实体店运营方面几乎没有投资。坦率地说，在有些方面，他们可以做一些投资。

这些事情听起来像是毁掉企业、失去消费者的败笔。然而，与所有预测都相反，它的业务一直表现良好。旅游景点实体店的销量增长了，虽然它在大街上失去了一些销量，但它的利润得到了增长，成为零售行业羡慕的对象。

> 早期对定位的改变，以及在新常态下对实体店选址的深度洞察，使得WH Smith发展成为零售行业羡慕的对象。

WH Smith也下调了一些产品的价格，主要是容易在网上比价并且在市中心的连锁店里销售疲软的产品。持续销售的产品要么是很难比价的产品，要么是杂志、报纸之类人们当下就要使用的产品。WH Smith提高了一些产品的价格，但同时制定了一些令人眼花缭乱的促销规则，比如多重购买优惠、买三送二促销，降低了单次购买的价格。

通过所做的事情，WH Smith已经建立了一套适用于新常态的渠道策略。它在发展旅游相关业务方面投入巨资，从另一个层面讲，它通过成为车站的零售点实现了小规模的垄断。此外，没有在高街业务上投资使得它仍然是最后一个主要的报刊代理商连锁站点，这意味着它在大街上形成了事实上的垄断。

WH Smith对新常态的理解非常透彻，也避开了一些雷区，因此制定了有针对性的渠道策略，使自己成为长期赢家。

☑ 新常态下的渠道策略

这并不是说所有企业都应该效仿WH Smith的渠道策略。对一个特定的零售企业或品牌来说，制定正确的策略有赖于考量我们讨论过的因素。你的企业不妨考虑如下一些正确的策略：

- 全部在线化。无实体店分销成本负担，你可以专注于在非常重要的谷歌搜索中脱颖而出。

- 用少数非常高端的实体店充当品牌旗舰店，培养忠实的消费者。想想苹果体验店及其在苹果品牌建设中所扮演的角色。

- 谨慎选择分销渠道，确保当消费者需要时，你的产品就在那儿。

在所有的商业和军事战略思想中，我认为孙子的名言是被引用最多、最老生常谈，但被理解最少的。这并不奇怪。我们中很少有人在管理军队，也很少有人能用英语读懂这位伟人的思想。经过汉译英的加工，许多格言和谚语变得索然无味。然而，即使冒着这个风险，如果你有时间和空间仔细品读《孙子兵法》中的一些思想，还是发人深省。"知己知彼，百战不殆"，这是我最爱的名言之一。

我敢肯定，这句话的意思在哲学和军事方面存在着深刻的延伸，但我赞成这句话最直接的意思。在新常态下，企业面对不断变化的世界，有着明显优势的新入局者在加入这个市场时会更容易吸引我们的消费者，因此我们需要考虑新旧业务之间的差异，明白我们的优势和"历史遗留问题"。

我们惊讶于网上竞争对手纯粹的低成本优势，它们无须投资实体店，打造实体服务网点。它们也不必雇用大量人员来经营实体店并与消费者交谈。比起实体店，它们有着一套更加省时省力的流程、系统和方法，这就是它们的闪光点。

有时候，让自己羡慕新的竞争对手是正确的。正如你从全书多个案例中看到的那样，许多老牌企业都毫不犹豫、不遗余力地"保护"其昔日的资产，结果却错过了全新的市场。新模式出现时，它们不以为然，不考虑消费者对新模式的接受能力，这实非明智之举。在沉没成本的驱使下，它们又试图为消费者提供不合标准、一成不变且价格高昂的服务，这更愚蠢至极。面对更灵活的竞争对手的狙击，它们将一败涂地。

> 不破不立。我们应该花一些时间准确地评估那些竞争对手不具备而我们拥有的资源优势，发挥这些优势，为我们的消费者和股东谋利。

我们已经论述过倾听消费者意见的重要性，在第二部分，我们将探索一些可行的方法。着手一个调研项目，一个好的开端就是去了解维护企业良好声誉的主要潜在驱动力是什么。

想象一下，进行某种品牌满意度调研（我们将在第二部分讨论其中的益处），不妨多设计一些有关消费者体验的具体问题（找到你的产品是否容易、实体店趣味性如何、销售团队的专业知识如何）。如果有足够的数据，那么根据显示的得分构建一个模型就非常简单。点对点的消费者体验的哪些方面才是提升企业声誉和消费者满意度的关键？

如果能做到这些，你会发现许多真正决定品牌体验的东西都是与人有关的，关键是消费者与你的品牌的互动。

我已经给3个不同的行业建立了这种相关模型，并且得出了非常一致的答案。让品牌全方位升值的驱动力一直就是当消费者走进实体店时感觉到被关心，这一关键因素的重要性至少能排前三。当消费者购物时，机器人式的问候并不会打动他们，这也不是他们想要的。

> 如果一个实体店里都是亲和力强、笑意盈盈地和消费者打招呼的员工，那么消费者也会乐意光临这些店。

发现消费者喜欢什么，然后做更多他们喜欢的事，这不像火箭科学那样晦涩难懂。但是我们很少观察到这种策略，这让我们感到惊讶。

因此，通过了解品牌声誉的驱动力，以及考虑消费者在不同时间愿意买单的不同原因（请参见规则一），我们可以开始从一个全新的角度思考实体店在零售业中扮演的角色。

☑ 开店的6个理由

在这个多渠道的世界中为什么必须要有一个实体店？以下有6个理由，我相信你还可以想出更多。

1. 便利性：如果在你所在的市场中，便利性恰好是一个重要的特性，当你的消费者需要立刻获得产品时，你的实体店相较于竞争对手的网店，就拥有更明显的比较优势。

2. 探索性：可能当消费者恰好走过时，才想起来需要你的产品或服务。许多企业销售的奢侈品、小玩意和非必需品就是这种现象的例子。消费者可能喜欢靠垫，但是从来没想过在搜索框里输入这个词。

3. 产品体验：有些产品只有在我们看到、摸到、闻到，如此进行一番体验之后，才会决定购买。几乎不会有人在买车之前不去试驾。即使是外形小巧的产品，在精心陈列之后也会具有比较优势。与我合作过的一家艺术企业发现，在画廊中出售画作相对容易，因为对于消费者来说，几乎不可能在网上品鉴和感受到画作的美与印刷品的质量。

4. 策展：消费者可能大致知道他们想要的产品种类，但是只有在看到多个产品展示在一起后，他们才知道如何去缩小选择范围。

5. 关联销售：当产品展示在一起且有促销活动时，想购买产品A的消费者也有可能想购买产品B。例如，如果我要购买旅游书籍，那么我是否也想买一张地图？许多网上卖家都以"购买此产品的人也购买了该产品"的方式来推动捆绑销售，但是实体产品展示可以以更丰富的方式做到这一点。

6. 积极销售：实体店通常需要有一个专门的销售人员，随时解答消费者的问题，比如解释产品的特征，并在合适的时机促成消费。对于多种产品，特别是昂贵的产品来说，这可以产生有价值的增量收入，而不是仅仅希望消费者点击"购买"。

有了这些优势，向消费者兜售商品和服务的企业反而都在排队开实体店，这是一个奇迹，不是吗？有趣的是，这种情况发生的趋势正在上升。网络巨头正在探索实体分销，通常是通过快闪店或短期实体店的方式，但也越来越多地通过投资（或收购）实体店业务的方式进行。亚马逊收购全食超市及其在其他类型的零售店继续进行的实验就是最明显的例子。

品牌的所有者也可以看到实体店的优势。苹果手机可能是一款非常了不起的产品，但是如果没有苹果体验店，没有在世界各地与它合作的第三方手机零售企业，它就不会有今天的地位。

但是，这并不是说，拥有实体店的优势在某种程度上是肯定的，不会遭受打击。有可能连锁实体店是新入局的电商羡慕不已的资产，但那并不意味着大而无当、单一无趣和无差别定位、员工毫无热情的实体店对你有很多好处。

重塑传统零售业务的路径还有很多需要厘清的地方，要想使"资产"胜过"负债"，就要牢记这些关键点：

- 你需要明确那些潜在优势，加以利用，然后不遗余力地盘活这些优势。

- 如果"主动销售"将成为你的竞争优势，你就需要在实体店里配备交际能力强、训练有素且高效能的销售人员，并且保证人力充沛。

- 如果是因为店面装修高档，陈列的产品精美而激发了消费者了解和购买的欲望，你就要确保其他硬件也能与之匹配，而不是把实体店弄得像乱七八糟的杂货铺。

- 你需要确保在发掘实体店优势时，不会放弃线上销售的优势。《孙子兵法》的忠诚读者肯定会认同我这个想法。将出色的、具有成本效益的在线运营和强大的实体店渠道强强联合，可以创造出兼具两者优势的新服务。

- 你需要谨慎地消除传统零售行业的弊端（通常是交易成本、服务渠道和旧版信息科技系统的滞后性），同时又不以丢失传统潜在优势为代价。很多企业为了保留消费者服务运营业务，都极力尝试通过外包降低运营成本，最终的结果可能会使消费者服务成为消费者的痛点，而不是企业的优势。

☑ 避免重蹈覆辙

真正理解取悦消费者的关键点，是新常态下对管理团队强有力的考验。了解什么能让消费者满意，然后仔细审视企业开展的不同业务活动，并考虑如何为这种消费者需求做出贡献。回顾曾经的市场地位和规模优势，发挥这些优势的作用，找到一切可以攻关的重要领域。

> 辩证地看待旧模式，将消费者依赖并喜爱的优势，融入到新的、活力四射的模式中（建立新渠道、迭代新版本的产品——你的竞争对手正努力做的事），就可以创造非凡的成果。

这项实践非常有力，它也充满挑战性。人们出于天性，总认为当下的事情很重要，认为我们花费诸多时间建成的业务其价值非同一般。我看到企业不止一次以"我们能想到继续这样做的理由吗？"为视角，评估其当前的业务，而不是"这会带来很棒的消费者体验吗？"。他们总有各种理由继续开展旧的业务活动或犹豫更长的时间，但是这种思维方式是自负且粗糙的，会导致企业固步自封，同时受到新入局者的多面打击。

要想真正拆解消费者的关键需求，还需要大胆地解放思想，"轻装上阵"。以不同行业的情况打个比方，我曾经与一家移动企业合作，这家企业想以最少的投资改良其客服中心的运营，升级成"随用随付"的移动业务。我们进行了大量分析，包括平均通话时间、通话量和效率。最终生成了一长串自动使用某些呼叫类型和鼓励消费者使用网络的行动计划。

这当然是对的，代表了评估业务的方式可以是"我如何开始"。但是，一个更好的问题是，为什么消费者需要拿起手机致电"随用随付"客服中心？于是，当我们开始以一个更广阔的角度思考问题时，我们意识到，如果消费者的手机无法连接到路由器，他们就不能上网观看Netflix，也就无法给Netflix、谷歌或路由器企业打电话。只有我们，移动业务，运营了一个客服中心来帮助解决这个问题。那么，为什么要这么做呢？为什么我们不直接让消费者（没有按月订阅的消费者）在线获取使用说明，自己解决问题呢？

当我们用这个可怕的问题质问自己时，任务就变得简单多了。我们有充分的理由为我们的消费者服务，在消费者的生活中，我们想成为一个重要且能提供价值的品牌。我们可以提供附加服务，如移动订阅、家庭宽带和其他服务等，最终与他们建立良好的关系。正是因为我们可以通过提供任何帮助，成为链条中的独特元素，所以我们相信，我们可以与众不同。

我们意识到，这就是我们想提供定制化消费者服务且不断简化该服务的原因。我们不想让消费者在致电客服中心，询问计费和电话使用之类的基本问题时越来越困难，从而使消费者服务陷入一种困境。对于消费者提出的基本问题，为什么不来引导消费者寻求低成本的在线自助服务呢？这样，我们就可以将精力集中在解决更复杂的技术问题上。

> 将传统资本（包括我们的实体店）转变为优势的过程至关重要，要避免因保留过去的一些东西，而陷入沉没成本的陷阱。

在这一转变过程中，消费者能提供有力的帮助。如果你尊重消费者的声音，他们就会告诉你，在消费者服务中孰轻孰重。

☑ 优等生的经验

试图把过去十几年发生在零售行业中的一切都归结为几点，这本身就非常危险，是不可取的。现实总是更复杂的。有的零售企业在这段时期的苦难中蓬勃发展，有的零售企业则遭受重创，将这些零售企业区分开来，找到这场"考试"中的优等生，向他们取经，然后投入实践，这也是一场考验。

在"旧常态"世界里，实体店的高交易成本是事实，因为它们是买东西的唯一途径。在正确的时间和位置，提供正确的产品，制定清晰的促销方案和一套高效的实体店运营流程，就是在那个世界里获取成功的关键。

在某些细分行业，其他因素也会发挥作用。奢侈品需要展示在一个精致的环境下，但是太多零售企业过于关注运营流程，热衷于扩张店面，而忽视了消费者也会挑选购物的地段。这也是创造利润的重要因素之一。

这并不是要削弱在新常态之前的世界里，运营实体店所涉及的其他技能。挑选合适的产品，将之陈列得当，让训练有素的员工销售，不是简单的差事。我们今天仍然承认，巧妙陈列的产品背后，不仅是为了鼓励消费，更是为了刺激消费欲望，精心展示、打理得当的店铺会让人想要进入，也会让员工对品牌产生自豪感，这就是好的零售企业脱颖而出的原因。

但是在新常态来临后，如果我们真的问问消费者为什么会走进实体店，答案就变了。实体店不再是唯一能浏览和购买产品的地方。而且，目前对于许多产品类别来说，这是最不方便的渠道。在新常态下，实体店存在的目的不仅仅是将产品交到消费者手中。

相反，会员资格或订阅产品的业务，以及或隐喻或字面意义上的宣传，都是为了鼓励消费者探索产品，指导消费者使用产品，吸引消费者"加入"品牌。就像服务站里的那些糖果，有时实体店是唯一的"港口"（你可以据此定价），但这是极少数的例外，而非普遍适用的商业规则。

看看这些新兴的零售企业巨头：

- Lush，一家化妆品零售品牌，它的实体店总是以最直观的方式展示产品。实体店里配备洗手池，方便员工和消费者打开化妆品的瓶瓶罐罐，然后试用产品。"旧零售"的重要标志之一是库存管理——精确量化有多少产品因为在销售过程中的浪费而未能转化为销售，以及被盗或有其他消耗。通过积极地鼓励产品试用，Lush扭转了业务局面，它认识到，在产品展示期间给予消费者的关怀和服务，以及令人愉快的体验将赢得消费者的长期忠诚，而不仅仅是财务上的回报。

- 在Games Workshop——一家了不起的品牌连锁店里，你经常会看到员工和消费者在桌上一起体验新游戏，或者画一些新人物。与其他实体店大不相同，它没有将产品放在盒子里然后一个一个陈列出来，这完全是一家互动性非常强的实体店，致力于给消费者带来非一般的体验。每个报名的爱好者（儿童或成人），会花费数小时和数百英镑在这项兴趣爱好上。在这里，还有针对每个新玩家的教程和介绍性讲座。消费者花的每一分钱，都能得到相应的回馈。

- 在苹果体验店中，每种产品都可以随手拿来试用。每位员工都是训练有素的品牌倡导者，随时准备为消费者服务。在苹果之前，没有手机品牌敢于设计这样的实体店，因为他们害怕昂贵的设备被盗。苹果体验店本身就能实现巨额盈利，但是它们作为品牌"招募中心"的角色，其重要性远远超过它们的直接收入或任何库存损失成本。

- Timpsons，一家英国的修鞋和干洗连锁店。它注重社会事业，并赋予当地团队极大的自主权，他们使这家企业的业务蓬勃发展。一个著名的例子就是，Timpsons为失业后重新找工作的人免费提供清洁衣服的服务，帮助他们体面地重新回到工作岗位。

- Hotel Chocolat有一批热情的员工，他们像药贩子那样为消费者提供诱人的试吃样品，还将产品包装成像高档礼品那样让人充满购买欲。即使他们销售的产品在超市或其他地方也可以买到，但是他们的实体店提供了特别的服务，并保持了高度的差异化，消费者也乐于为由此带来的溢价买单。

☑ 失败者的教训

但是，在这些鼓舞人心的案例背后，还有一长串因为没有对品牌进行清晰定位而失败的案例，想想玩具行业某个知名但结局颇令人沮丧的例子——玩具反斗城。它曾经是玩具行业的巨人，也是第一个号召父母在生日和圣诞节给孩子送礼物的行业领头羊。后来它的业务节节败退，最终失去了市场份额，不得不走向破产重组的结局。

关于失败的原因已有很多报道，来自电商的挑战被认为是一个因素。从"大盒子"式的实体店到小而精的展示窗口，零售行业的渐变就是如此。私募股权和相关的债务也都在显微镜下。

> 在这些事后总结中，我们至少能汲取一点道理。还有另一个更重要的因素可以解释玩具反斗城的衰落，那就是其实体店的乏味。

拥有一个面积达4万平方英尺的实体店，在目之所及的每个角落都放着玩具，这家店的购物体验却枯燥乏味，这似乎是一件不寻常的事儿。但不知怎么，玩具反斗城就是这样管理的。多年来，他们削减成本，精简员工，拒绝了所有建议和互动，留下了一堆满是灰尘的盒子。

前面列出的任何一个因素都会扼杀你的生意。如果消费者能在其他地方购物，还能轻松地比较价格，避免参观你那"尘土飞扬的洞穴"，那么他们会去的。玩具反斗城的消费者就是这么做的。

试想一下，把Games Workshop（店面规模是玩具反斗城的1/50）的互动性和趣味性应用到一个大型玩具商场上会是什么样。店里的员工站在过道里，打开玩具然后给消费者们做演示，到处都是橄榄球比赛。为小孩父母准备好咖啡，陪他们聊一会儿，把最新的益智玩具展示给他们，看看哪个"隔壁小孩"会上钩。

玩具反斗城的实体店本有实力成为父母最喜欢带孩子玩耍的周末度假胜地。为了达成这一目标，本应该维持其强大的市场份额并让业务可持续发展。它本应加大投资而不是裁员；本应采取强势的财务管理方式，牺牲短期利益以确保长期的生存能力；本应采用创新的商业模式，比如每月玩具订阅；本应尽早在互联网渠道高效地布局，补充实体店在品牌体验方面的缺失。

> 对于实体店（特别是玩具实体店），我们应该进行清晰的预判，想一想，什么样的实体店能满足新常态下的消费者需求。

为了留住消费者，让消费者多次光临，实体店在与消费者建立关系的过程中可以扮演什么角色？这个问题的答案在过去20年中发生了变化，没有做出改变的企业注定跟不上新的时代。

☑ 小结

新常态下的位置策略所面临的挑战是基本的，这不仅关乎实体店的选址、数量、规模，更重要的是创建一个新的地方，建立实体店与消费者的紧密关系，一切从消费者出发，使品牌焕发生机。

走上繁华的商业街，瞧瞧那里的实体店，问一问自己：这些实体店有多少能真正按本书中提供的方法使自己的品牌焕发生机？有多少实体店只是展示自己的产品，然后等着路过的人自己走进来？

新常态带来了新竞争，对于零售企业来说，实体店的选址、陈列及运营对结果至关重要。从中我们可以得出一个普遍性的认知：我们的专业知识积累以及为消费者提供建议和支持的能力是一种资产。这不仅是因为它吸引了多少消费者，更是因为它符合另一个经济目标——将单笔交易转变为长期消费者关系。在下一条规则中，我们将探讨消费者关系的变革力量。

05

第五章

规则五：了解消费者是制胜法宝，像无头苍蝇那样乱撞不会善终

你在聚会上遇到某些人，他们给你留下了很好的印象，并且似乎对你很感兴趣。于是，你们就建立起了连接。

在这之后连接却断开了。你会在不同的地方，或者不同的情况下再次遇见他们。奇怪的是，他们完全忘记了你是谁，而当你提醒他们时，你们之间的对话就会变得很奇怪。他们似乎与之前完全不同，向你展现了一套完全不同的兴趣和价值观。他们非但对你不感兴趣，反而表现得一点都不在乎，甚至对刚刚认识的人更感兴趣。

这令人不安，不是吗？但这是有充分理由的。人格的迅速变化是很多心理障碍的症状之一。我们发自内心地认为这种事情令人不愉快，并且会远离它。然而，作为企业，我们却总是这样对待我们的消费者。

☑ 两个主要的错误

每次与当前或潜在消费者进行交流时，我们会犯两个主要的错误。

第一个错误是我们对如何表现自己不太在意。

> 消费者对我们品牌的看法就是他们与我们交易时所有互动的总和。

上述的互动包括一个团队努力检查了品牌一致性之后，精心设计的营销材料，它还包括在实体店里与销售人员的闲聊、对送货上门的司机留下的印象（即使是外包的送货服务），还有给我们某个客服中心打电话的体验。

如果这些互动彼此之间极不一致，而且随着时间的推移会发生变化，那么我们就会像在聚会上遇到的那些奇怪的人一样，给我们的消费者留下令人不快的印象。那些旨在给消费者留下高质量和高端设计的品牌印象的营销材料，可能因为粗心的包装或"肆意吹嘘"的零售体验而变得毫无意义。我们为了表达作为一个品牌真正重视每一个消费者的所有努力，都会被那些粗心或毫无热情的销售人员在代表品牌与消费者交谈时破坏。

> 事实上，反过来也是如此。销售人员每天都在努力工作，代表品牌取悦消费者，而这些品牌却让不友好的政策或劣质产品抵消了他们的所有努力。

再想想苹果公司的传奇故事。当然，它成功的核心因素是创造出了像iPhone、iPad这样优秀的产品，但是这些产品的背后隐藏了一个更深刻的故事。随便在苹果公司总部库比蒂诺待一段时间，或者与那些认识乔布斯并与乔布斯在品牌复兴期一起工作过的员工聊一聊，你听到最多的会是他们如何强烈地专注于寻找苹果的品牌含义——它应该代表什么，以及它应该怎样在消费者购物旅程的每一部分都表现得完全一致。

乔布斯着魔般煞费苦心地为iMac挑选颜色这一故事广为人知，但是当你把他对产品的关注和对包装、设计、实体店员工以及与消费者互动方面这些细节同样的关注放在一起时，你就会发现为何这个品牌能成为世界最强的科技品牌。

喜欢或者讨厌苹果公司的产品是你的自由，但是你不能否认它创造了一个完全清晰和始终如一的品牌体验，很少有企业能够真正做到这样。

📑 行动方案

你给消费者的品牌体验是否始终如一？

零售企业面临的一个危机是，该行业的领导者几乎不可能像消费者那样体验这个品牌。不可避免的是，身为领导者，你走进一家实体店只能参观，即使你是周末过来买东西，也会被认出来。

另一个危机是，作为领导者，你和你的消费者收到的营销材料一样吗？如果一样，你会以他们的方式阅读吗？如果你有自己品牌的会员卡，你是通过填写申请表得到的，还是市场部的人直接给了你一张？如果你需要和客服中心通话，你是打同样的号码，和你的消费者一样排队等候，还是直接打给客服中心的负责人？

尽可能以接近消费者的方式来体验你的品牌是个好主意。即使在某种程度上你做不到。它可以是一个强有力的练习，把所有你希望消费者阅读的材料贴满会议室的墙——不光是精心设计的营销材料，还有交货单、返回票据、收据等，看看他们对你品牌的画像是不是你希望的那样。

如果我们向消费者展示自己时不能保持一致性还不够糟糕，那么第二个主要的错误会使情况变得更糟。如果我们在与消费者互动时未能识别或记住他们，我们就不可能与他们建立持久的、有价值的关系。如果我每次看见你都忘记你的名字，你不得不多次向我做自我介绍，我还能赢得你的信任，或者鼓励你在我这里消费吗？

☑ 了解你的消费者和"他们的衬衫"

在我的工作中，经常有人问我作为消费者体验过最棒的经历是什么。多年来，我常说我最喜欢的消费体验是在我家附近的那家干洗店里产生的。（我现在还会这么说，虽然我已经搬家很久了，我的衬衫也跟以前不一样了。）

那家干洗店的服务非常好，消费者从一家小型家庭作坊那里得到的"小接触"，往往比在那些大型全国性连锁企业得到的感觉更好。但作为他们的消费者，真正让我的消费体验与众不同的是，他们知道我是谁。这不仅意味着社交方面的东西（他们会跟我聊我的孩子，我们会一起抱怨当地的交通和其他日常的小事），还意味着他们能够把我当作一个具体的人来对待。我的事情需要加急也没关系。有一次，他们还给我一件礼服衬衫，并指出他们补上了一颗我甚至都没有注意到丢了的纽扣，因为他们知道，我要洗一件礼服衬衫可能意味着我那天晚上要去参加一个活动（这是真的）。

这是全世界小企业的筹码。了解你的消费者，把普通消费者当作特殊的和有价值的人，而不是仅仅做一个面无表情的"品牌理念代表"。

> 真正优秀的小企业能够了解他们的消费者，利用他们的小和本地化优势成为当地社区的一部分，从而使消费者跟他们做生意更容易、更有趣、更有收获。

☑ 有着糟糕记忆的大企业

随着我们的业务规模越来越大，增长的代价之一就是我们与消费者的距离不可避免地越来越远。不仅老板和管理者最终会在总部办公，而不是站在柜台后面与人交谈，而且不可避免的是，消费者不再是个人，而成了一个统计数据。

我曾经问过一个大型零售企业，谁是它最有价值的消费者。它有答案，但这些答案是复杂难懂的图表——"我们最有价值的消费者通常是这类人群，他们每年来我们这里这么多次，每次来的时候都会购买这类产品"。你知道的，大多数企业都在做同样的事情——用细分市场、人口统计资料和统计数据来回答我的问题。

但我不是这个意思。我想知道最有价值的消费者的真实姓名。当我这么说的时候，那个大型零售企业的老板看着我，好像我疯了一样。但这一点是明确的。本地的小企业至少有一种直觉能力，能够识别最经常光顾和最有价值的消费者。他们会从柜台后面走出来打招呼，并会付出额外的努力来赢得和维系消费者的忠诚。然而，规模较大的企业几乎不可避免地会丧失这种能力。

对于一些人来说，这很容易。如果你的业务是基于订阅、会员资格或其他一些常规支付开展的，你至少会有一个消费者数据库，通过访问数据库，你可以找到你最有价值的消费者关系。健身房、移动互联网、宽带和公用事业企业都享有这一优势。你可能不认识每个消费者，但至少可以确保你的团队能够专注于让订阅消费者或会员满意。你还可以计算出你的整体业务中有多大比例来自那些最忠实的消费者，结果可能会非常惊人。

> 我曾在一家企业工作，那里10%的消费者创造了它40%以上的收入。让这些消费者满意是值得的！

然而，对于零售企业来说，这样的消费者数据库更难获得。如果你的商业模式是基于偶尔的购买，或者那些不需要表明身份的消费者的购买，就很难分辨出谁是谁了。

只要听听大多数零售企业在谈论季度业绩时的措辞就知道了。基于订阅业务的计算相当简单。有多少消费者，他们平均花了多少钱，把这两个数字相乘，就能得出企业的收入。这甚至看起来有点像我们前面提到的CLV公式。

然而，对于其他零售企业来说，这两个数字很难计算。如果没有消费者数据库，他们就会停止谈论他们有多少消费者，转而开始谈论客流量，即走进他们实体店的人数，这个数字不考虑同一个消费者是否会多次光顾。同样地，他们会谈论平均购物篮大小或销售转化率，而不是每位消费者的消费金额，这个数字也不考虑谁会购买。

客流量乘以销售转化率和平均购物篮大小也能得出零售企业的收入数据，但这些数据远不如消费者数量和每位消费者的支出有意义。它们没有告诉我们谁来得更频繁，也没有告诉我们谁是忠诚的，我们也计算不出有多少业务来自我们最有价值的消费者。因此，它们是匿名的，并鼓励我们把所有消费者都一视同仁，这就相当于把所有消费者都看作是可互换和可替代的。这么说可能会吓到我家附近那个小干洗店的店员。

☑ 会员卡悖论

成为一家真正了解消费者支出的企业，其价值体现在零售企业过去几十年为制订忠诚度计划所付出的巨大努力上。著名的例子包括特易购会员卡和多个品牌的"花蜜计划"，还有来自零售企业、餐厅、服务站和许多企业的其他几十种计划。

大多企业对忠诚度计划的描述是不恰当的。尽管从表面上看，这些计划旨在鼓励人们更频繁地购物，或者花更多的钱，但是关于它们能在多大程度上改变消费者行为的证据是不充分的。

消费者对激励措施的反应相当直接。如果你在我要买的东西上给我打折，那么我肯定会买，但这并不能真正改变我的行为。这只是在给我省钱。如果你在我不考虑买的东西上打折，或者价格比我想要买的东西贵太多，那么我会更仔细地考虑一下，我肯定会降低你的"奖励"的价值，认为你自身的获利和给我的"奖励"一样多。

因此，忠诚度计划最终成了品牌的杂耍比赛。品牌在提供给消费者他们喜欢的"奖励"（这使得这个计划很有吸引力，但很昂贵）和貌似成本更低但消费者根本不感兴趣的"欺骗性奖励"之间左右为难。一些品牌比其他品牌更好地实现了这种平衡。但事实仍然是，通过会员卡促销，在一个特定的产品线上产生实际的、可衡量的收入增长往往是棘手的、代价昂贵的。

的确，如果你打算奖励那些花钱更多、更频繁购物的消费者，那么通常最有效的忠诚度计划就是发放集邮卡。它们有许多空格，每当消费者购物时，只需要求收银员在空格处盖章。一旦集邮卡盖满了章，就可以免费换购或得到其他奖励。这些集邮卡有明显的缺点，因为它们很容易造假，但它们几乎不涉及互联网技术成本，不需要聘请昂贵的营销人员，集邮卡能够给忠实的消费者提供一个直接的利益。

许多老牌零售企业因为忠诚度计划对销售额增长的效果喜忧参半，而选择完全退出这些计划。它们告诉自己和他们的消费者，直接打折促销（包括发放集邮卡）比制订复杂的忠诚度计划产生的额外销售更多。那些营销人员喜欢"书呆子"式的、需要互联网技术支持的、更复杂的方案，因为他们能凭此获奖，但是对于零售业务来说，这不能带来最好的投资回报。

> 这个论点完全没有切中要害。忠诚度计划之所以名不副实，是因为这些计划的真正价值不在于让消费者产生购买行为，而在于衡量他们的购买行为。

至少每天在柜台完成的部分交易是可以追溯到特定消费者的，因此，这个消费者的总体购买行为可以被模拟和跟踪。零售企业最值得购买的产品应该是这样的——它能告诉你：消费者群体发生了什么事，以及这些消费者到底是谁。

突然之间，一家看到了大量交易，但很少能识别单个消费者的零售企业，开始看起来更像一家订阅型企业，它可以跟踪每个消费者的不同需求和购买行为。

☑ 消费者数据的力量

为什么这很重要？让我们考虑一下，当你可以看到单个消费者的交易情况时，你可以做的一些事情：

- **显然，通过识别最有价值的消费者，你可以采取行动来维护和发展他们与你品牌的关系**。你可能确实会给他们提供折扣，也可以确保他们能最先看到你的新品或提前获得热门的新款。即便是像认可他们的忠诚和询问他们对你业务的意见那样简单的行动，也可以确保你从与消费者进行单向的、广播式的营销交流转向真正的、建立双向关系的对话。

- **了解谁是你的消费者也为及时的危机管理创造了机会**。如果一个有价值的消费者突然停止从你这里购买产品，那么就值得弄清楚为什么。我们谈到的订阅型企业知道，投资于避免"消费者流失"（消费者终止订阅）的价值至少与获取新消费者一样高，而且实际上大多数此类业务在维护消费者方面的花费都比获取新消费者多。从这个角度来看，认为大多数零售企业没有能力从事这种活动是很奇怪的。这些企业确实看不到高价值的消费者何时不再出现，结果是订阅型企业努力营销才能得到的成果中有超过一半被它们轻易失去了。

- **了解谁是你的有价值的消费者，也可以指导投资和产品决策的长期发展**。你可以围绕这些消费者的需求来设计一种特殊的高级产品。世界上一些最成功的电影院企业都在高级服务上投入了大量资金，提供包括食物、饮料和很棒的预订座位，这些服务的设计正是为了吸引最经常光顾和最有价值的消费者。的确，一些消费品企业已经模仿订阅型企业，创建了一种服务，在这种服务中，消费者只要每个月支付固定的金额就可以获得定期交付的产品。它为消费者提供了便利，也使品牌拥有了能够利用常规数据的强大能力。这并不一定是高端产品的专利，美元剃须刀俱乐部（Dollar Shave Club）所展示的产品就是如此。

更普遍地说，拥有关于单个消费者行为的可靠数据，可以为企业解锁广泛的潜在行动。机器学习技术就是使用精确的计算机模型，不仅能计算出如何处理最有价值的消费者，还能计算出如何提升每一段消费者关系的价值。进而有助于确定下一个要推荐的产品，或者制定企业可以采取的最佳行动策略，来促进消费者购买更多产品。

机器学习技术非常强大，但它需要一个关键燃料——过去的消费者行为（在个人层面）数据，用来建立模型，预测消费者在未来可能产生的购买行为。

所以，了解自己的消费者对于零售企业来说有巨大的价值。这不仅让它们能模仿我前文提到的那家干洗店的服务模式和消费者关系技巧，还让它们有机会投资于维护、发展那些创造最大收入和利润的消费者，并向他们学习。

> 如果这是真的，就像我所工作过的那家由10%的消费者创造了40%收入的订阅型企业那样，那么几乎可以肯定，今天的大多数零售品牌也能做到。唯一的区别是，它们中的大多数都不知道那10%的消费者如此重要。

在一个瞬息万变的商业世界里，不了解你的消费者而盲目"飞行"是非常危险的。事实上，网络和移动渠道的壮大为生成消费者数据创造了机会，但也强调了跨渠道传播消费者知识的必要性。想象一下，你最有价值的网上消费者走进你的一家实体店，却没有被认出和善待，这是在大多数实体店中每天都会发生的事情。

因此，尽管了解你的消费者一直都很重要，但我们在新常态下的一条规则是：现在，了解你的消费者比在以往任何时候都更重要。

☑ 数据、洞察力和现金

我曾经在一家在线企业工作，遇到了一个有趣的问题。它相信自己提供的服务有办法从消费者的流量中获得收入，这些流量既来自广告，又来自与这些消费者有联系的企业。

问题是它不能把这些整合起来。

正如它所阐述的那样，吸引新消费者进入它的网站的营销和其他成本都高于它从这笔交易中获得的收入。粗略地说，它花了1英镑获得了消费者的访问，结果它的收入只有70便士。

现在，一些在线企业已经能够忽略这个数学问题。企业越来越大，产生的损失越来越多，此时规模或一些"神圣的干预"会把流量转化为利润。但这些企业通常都位于硅谷。

我曾工作的这家在线企业总部位于伦敦，它的投资者对于企业迅速扩张导致的亏损没那么包容，他们更热衷于了解它的赢利模式是什么样的。

就管理小组来说，策略审查的过程应着眼于问题的两个方面。如果1英镑的投入只产生70便士的收入，那么任务要么是降低每个消费者的获得成本，要么是提高每笔交易的收入。通过优化网站的可搜索性并改善其布局，使更少的访客不进行交易就离开，确实可能做到这两件事。然而，要缩小获客成本和收入之间的差距似乎太困难了，董事会对此感到担忧。

我们花了很长时间才算出这道数学题还有另一个解。与其降低获得每个新消费者的成本，或者提高每笔交易的收入，为什么不直接从每个新消费者那里获得更多的流量呢？如果每投资1英镑，就能吸引一批产生70便士收入的交易流量，而不仅仅是一笔交易，那么企业的赢利模式就能完全改变。正确的商业策略是为创建交易流而设计的策略。当然，这在一定程度上与基础有关。正确的商业策略需要确保交易足够简单、对消费者足够有用，能够满足消费者的需求。

它还需要确保业务是被有意设计的，来创建持久的消费者关系而不是孤立的交易。这可能意味着需要消费者登录网站购物，以便企业可以在适当的时候提醒他们回来。这可能还意味着建立激励机制，鼓励消费者进行多次交易（例如，在完成第三笔交易时给予奖金）。不管怎样，建立消费者关系和让消费者回访是企业的关键任务。网上CLV的公式如图5.1所示。

图5.1　网上CLV的公式

我用上述在线企业的例子是因为它的交易计算相当简单。通常在这样的行业中，计算获得一次"访问"的成本是相当简单的，因为它是由在其他网站上做广告或在搜索引擎中购买搜索结果位置的成本构成的。计算单个消费者的回访率通常也很容易。特别是，如果像我举的例子那样，该企业正在为其他品牌提供推荐服务，而且通过推荐服务获得的收入是相当透明的。

在一个更大、更复杂的企业中，从交易中获得的收入减去产生这些交易的成本的公式，可能更难以如此纯粹的方式归纳出来。连锁餐厅会通过各种各样的营销手段来吸引消费者，包括优惠券和广告，但也有消费者只是被外面的招牌和菜单所吸引而走进来。在这样一个多渠道的环境中，计算单次访问成本并不容易。然而，通过分析每一桌的账单，餐厅可以很容易地计算出每一笔交易的收入和利润。

对于服务业（以及许多其他行业），情况可能更复杂。不仅购物中心在计算单次访问成本时存在同样的问题，而且当每次访问的收入通常被分割成几单交易时（参考美食广场），也很难将每次访问的收入分离出来。

尽管归纳出与上述在线企业相同的公式存在困难，但是，基本的逻辑仍然是相同的。

> 获得消费者和让消费者对你的业务产生兴趣是要花钱的。如果你能将这种兴趣转变为重复的购买行为，而不是单一的购买行为，你的企业盈利能力将会有巨大的不同。

☑ 重新审视CLV

我们在讨论规则二时已经见过这个分析术语：CLV。你留住消费者的时间越长，回头客越多，他们对你的价值就越高。获得一个消费者的成本在不同的企业有很大的差异，从一个网站的几便士到一个大型企业的几百英镑不等。在这种情况下，最重要的事情是确保从消费者那里得到的价值高于获客成本，而做到这一点的最简单方法就是确保尽可能长时间地保留消费者。

CLV这个术语和它的公式已经被订阅型企业熟知，并且越来越多地被用于在线企业，这正是因为它非常容易度量。相比之下，许多零售企业、消费品牌和服务企业不仅没有将CLV最大化，它们甚至不知道该从哪开始。

在讨论规则二时，我们谈到了，CLV作为一种阐明在短期内做正确事情的价值的方式，是长期留住消费者的重要驱动因素。从一个满意的消费者那里得到的长期回报可能比他们支付的隐性费用或退货费用等短期利益要大得多，而后者只会让他们发誓再也不回来了。

现在，如果我们的目标是最大化我们所拥有的每一位消费者的价值，我们就可以从中归纳出各种各样的工具。从为不同类型的消费者设计的产品系列，到利用复杂的计算机模型帮助我们销售更多产品，只要掌握了消费者数据，我们就可以做很多事情。

要将你与消费者关系的价值最大化，首先要了解他们是谁——不是基于市场细分和消费者刻板印象的理论层面，而是个人层面。他们会买什么？多久买一次？你产品的哪个方面对他们来说是重要的？是规格、售后服务还是品牌所传递的感知价值？他们会从你的竞争者那里购买吗，还是已经这样做了？

如果你是一家订阅型企业，或者一家以其他方式与你的消费者保持着持续支付关系的企业，这些都很容易发现。

☑ 零售和数据的挑战

如果你是一家拥有少量消费者数据流的多渠道零售企业，并且缺乏在单个消费者层面构建未来行为模型的能力，那么围绕CLV构建业务就会困难得多。然而，你可以做些事情来确保你的消费者数据库尽可能丰富：

- **当消费者向你购买产品时，给他们一个表明自己身份的理由**。这就是零售企业忠诚度计划的真正价值，它的存在并不是为了创造额外的购买，而是作为信息收集机制，这在其他情况下是不存在的。忠诚度计划可以是复杂的积分"赚取和消耗"计划，也可以是基于集邮卡的机制，甚至可以是简单地在收银台索要并记录一个电子邮件地址。把所有这些想法联系在一起的是，当它们做得很好时，就会生成可识别的消费者数据。就连"集齐8张贴纸，送一免费咖啡"的集邮卡也能做到这一点，但如果它们只是些简单的卡片，那就行不通了。某种链接到收银台的条形码（二维码）可以确保有价值的数据到达需要它的地方。

- **在你的渠道鼓励收集数据**。如果你既在网上销售，又通过零售渠道销售，那么你就已经从你的网上消费者那里获得了一套丰富的数据。你可以看到他们已经订购了什么，通过细心的管理，你还可以看到他们已经查看和点击但还没有购买的东西——有价值的分析数据。你甚至可以通过向消费者推荐这类产品，分析他们的反应。来自网上消费者的丰富数据是不完整的，如果没有通过你的零售渠道收集的额外可见性数据，仅根据网上的销售数据给出的部分图表可能非常具有误导性。你如何鼓励那些网上消费者在实体店购买时表明自己的身份？你能给他们什么理由，让他们想把实体店购买和网上账户连接起来？

- **找到别的方法去运用技术建立CLV模型。**一个简单的例子就是在你的实体店或服务中心提供免费WiFi。如果设置正确，WiFi服务将要求消费者使用他们的电子邮件地址注册和登录。一旦他们这做了，你就能够将实体店访问与网上购买联系起来，并且可以看到单个消费者访问（甚至路过）你的实体店的频率。这种技术是强大的数据来源，却经常被忽视。我曾与一家企业合作，他们在使用这种提供WiFi服务后的一个季度内，将100万个新的可接触消费者添加到了他们的数据库中。

在每个领域都有复杂的选择，还有一系列从"快速和肮脏"的技术到更复杂的技术选择。但这一切都是值得的。

☑ 小结

考虑一下这样的情形。作为一家多渠道企业，你有一个消费者数据库，并对消费者从你这里购买的产品进行了合理的分析。然而，通过投资于更好的网络分析技术，你现在也拥有了关于那些消费者在网上查看但没有购买的产品的丰富数据。因为你有一个简单的忠诚度计划，可以为消费者的每一次购买行为提供奖励。当消费者在你的实体店购物时，你希望他们提供网上账户细节，也允许他们使用触控支付卡来简化这一点。

实体店里的WiFi也是一项很有吸引力的服务，它可以通过显示哪些消费者访问了实体店但没有购买任何东西为你提供更多的数据。通过谨慎地使用地理标记技术，你甚至可以看到这些消费者去了哪些店，还有他们是怎样在店里走动的，因为它能链接更广泛的消费者数据库，同时对高价值或低价值的消费者进行分析，帮助你理解他们的不同之处。

有这些数据在手，你就可以聘请消费者分析专家和数据科学家，他们可以为你建立不同消费者的CLV模型，并将这些信息聚合起来，这样你就可以了解单个实体店的消费者来源和广泛的消费者细分。因此，你可以积极地向那些不再从你这里购买产品的高价值消费者进行营销，同时可以建立模型，预测每个消费者接下来可能有兴趣购买的产品种类，这样一来，你的营销活动就不再是泛泛的，而是为每个消费者量身定制的。

这听起来很棒，不是吗？距离改善目前大多数零售企业的处境还有很长的路要走。然而，实现这一目标所需的步骤并不多，只需要利用经过充分验证的技术即可。要实现这一目标，不仅需要技术，还需要对商业模式、定价策略和营销策略进行仔细审视，尤其是如果你想激励消费者向你表明他们的身份，那么你利用的技术要既对他们有用，又不会让你倾尽所有。

将每个新获得的消费者产生的销售数据相乘，就是巨大的利润。这对你与现有的和新的竞争对手之间的竞争也会产生影响。

能将新消费者转化为具有最高CLV消费者的业务，值得在一开始就投入最多的资金去拓展或收购它。

从长远来看，拥有最高CLV的企业将通过超越其他企业来增加市场份额。你最好确保那就是你。

当我们讨论网上和实体销售渠道之间的联系时，我们已经开始展示孙子兵法的应用。了解自己很重要，了解竞争对手和他们正在塑造的新技术世界也很重要。因此，正如我们需要在新常态下重塑我们的企业一样，我们也需要将自己重塑为商业领袖。我们将在第二部分对此进行更多讨论。

让我们继续探讨新常态中的下一条规则，正如我们探索这个奇怪的、杂乱的、去中介化的世界一样。

06

第六章

规则六：如果产品或流程的渠道可以简化，那么必须简化

与我们发现的新常态下关于选址的规则一样，交易成本也非常重要。当交易成本高的时候，消费者往往不会货比三家，也不会寻找有竞争力的报价。因此，企业分销产品的方式确保能够牵制住消费者，是盈利的一个重要驱动因素。

事实上，网络、社交媒体和永远在线的移动经济带来最大的变化之一，是它们有效地降低了做事的难度，从而节省了时间和金钱成本，这一点是有争议的。我们可以通过点击按钮来收集信息，可以足不出户地购物，甚至可以从竞争对手的网店里查看它们核心产品的价格。所有这些都让消费者更容易获得满意的交易，也改变了商业规则。

还有另一种同样深远的影响，即较低的交易成本使一些传统企业难以生存，但也创造了前所未有的机遇。那就是允许消费者"解

包"或将服务拆分成不同部分，分别就每个部分货比三家。

☑ 度假的经验

想想假期和休闲旅游。某一天，我们去旅行社，大致告诉工作人员我们想去哪里、要花多少钱，他们通常会给我们一个这样或那样的套餐。我们会付钱给度假企业（通过旅行社，旅行社会收取佣金），然后它们会为我们提供航班、远端接送、酒店住宿，通常还有一套短途旅行或可选的附加服务，以及我们假期的部分或全部餐食。

在一个信息收集困难、交易成本高的世界里，这样的服务是我们非常需要的。作为消费者，我们不需要调研很多不同的度假目的地，也不需要在一家又一家实体店之间辗转购物。我们没有能力去比较每间酒店的服务，所以把我们整个假期的安排委托给一家度假企业和它的商业代表是更容易和便宜的。

正如我们看到的那样，度假市场已经变得面目全非。我们可以通过阅读成千上万个其他游客的意见来挑选酒店和餐厅。我们只需按一下按钮就可以在网上比较机票价格。我们可以看到在世界另一头的景点的游览体验，并判断那里是否适合我们。我们从来没有像现在这样容易设计自己的假期，任何小的活动都可以自己选择，最终能在预算、兴趣和家庭情况的基础上为自己量身定做一个全方位的综合体验。

用《经济学人》的话说，度假企业已经被"去中介化"了。消费者可以绕过他们，直接从供应商那里获取服务——这大致相当于，我们绕过超市，直接从农民那里购买蔬菜。

当然，这不是说从富有经验的度假企业那里购买套餐产品没有任何价值。尽管市场规模不如从前，但度假旅游市场仍是一个活跃且有盈利空间的市场。事实上，在某些市场，甚至有迹象表明，度假旅游在消费者支出中所占的份额正在增加。

然而，消费者购买这些产品的原因已经完全改变了。曾经，消费者购买它们是因为方便又缺少有效的替代品，而现在，消费者只要愿意稍做努力就能改造套餐里的任何项目，既然如此，为什么大家不自己动手呢？

其中一个关键词是"努力"。毫无疑问，如今度假套餐的市场得以保留的一个重要原因是，它们为消费者提供了便利。另一个关键词是"信任"。如果一家度假企业能够建立起一个可靠的品牌，向消费者表明，将为他们的假期提供安全、简单、有良好体验的选择，那么它仍将赢得业务。

曾经从某项活动的某些部分赚取利润或为其他部分提供补贴的借口，如今已变成一种消费者服务。事实上，最优秀的度假企业现在看起来更像在从事礼宾服务：根据自己的专业知识和经验打造套餐，并向消费者销售。当然，价格也很重要。一些度假企业仍在经营的另一个原因是，与游客单独订购一两个房间相比，度假企业集中订购数千个房间会给酒店带来一定的规模经济效益。

☑ 拆解无处不在

由于在线信息能够自由、轻松地交换，因此这种去中介化现象就在我们身边。下面有一些例子：

- 出租车企业已经被像优步这样能让别人搭顺风车并获得收入的平台挤出圈外。

- 酒店刚刚实现去中介化，直接与度假企业做生意，而爱彼迎早就做了同样的事情，让消费者直接向酒店或房东租用房间。

- 银行过去基于这样一个理念建立它们的消费者业务：如果它们能让消费者在它们那里开一个基本的活期账户，消费者就会默认储蓄、抵押贷款，从它们那里借钱买车。随着金融服务向网上转移并变得更容易购买，这种情况已经完全改变，以至于传统的（且亏损的）活期存款业务对于许多银行来说都是一个问题。

- 即使在零售行业，捆绑销售的产品也在被拆分。许多电子产品零售企业过去都能勉强维持运营，尽管它们在笔记本电脑和电视销售上得到的利润低得离谱，但是加上延长保修期和提供其他服务，它们实际得到的利润要高得多。现在，消费者可以很容易地在网上找到维修服务并直接付费，那样的获利机会大大减少了。

- 另一个影响许多零售企业通过捆绑销售获利的事实是，越来越难以用高利润的产品搭配低利润的核心周边产品（配件、固定件）进行销售，捆绑销售发挥的经济作用有限。高利润的产品吸引了无序的竞争，尤其是来自网店的竞争，这使得位于商业街的实体店面临着只能出售低利润产品的局面，并陷入无利可图的危险境地。在新常态下，消费者在零售企业的实体店（有时使用他们自己的网络）里对产品价格进行交又核对非常容易，零售企业获利的机会越来越少。

这就是我们在新常态下的最终规则。如果一项业务有被去中介化的风险，那么这很可能会发生。

☑ 消费者仍然会购买捆绑销售产品的3个原因

正如度假的例子一样，消费者绕过传统供应商，或者将曾经的单笔交易拆分为单独购买不同部分的几个交易，但这并不意味着传统企业已经不复存在。尽管有优步，但人们仍在乘坐出租车。

不过，这确实意味着，这些企业应该非常仔细地考虑，如果消费者能够自己组合交易部分，那么他们为什么会购买捆绑销售产品或集合服务。第一个原因可能是，年龄较大不太懂技术或比较挑剔的群体仍然倾向于从他们信任的品牌那里购买产品，并愿意为此支付有效的溢价。这是一个令人欣慰但也有风险的答案。

> 一旦市场开始改变交易方式，就很少有企业能够仅仅依靠那些还没有来得及改变消费习惯的消费者长久生存。

第二个原因是，与度假企业一样，一些消费者选择肯定可信中介的专业知识、建议和支持。对于一些零售企业来说，扮演顾问和向导的角色是非常有趣的。如果你的竞争对手是一个愿意以成本价出售所有产品的大型电商（如亚马逊），那么前进的道路就在另一个方向。不要什么都卖，试着销售在你的领域里最好的东西，把产品包装在一起，给关键消费者提供他们真正重视的建议和支持。

这是一些行业（在线和线下）的专业零售企业能够继续生存的

原因之一。露营装备、运动用品和自行车用品总是在我的脑海中冒出来。在本书的后面，我们将探索一些方法来实现这一点。毕竟，没有人会因为Hotel Chocolat没有销售所有品牌的巧克力而批评它。

面对去中介化，消费者可能继续购买套餐产品或服务的第三个原因是经济上的。在一些市场上，购买力很重要，零售企业通过购买大量产品，然后少量、多次地销售出去（比如食品零售），这些规模经济的产业结构发生了很大的变化，大型零售企业的权力被制度化。而一些人提出的用"按需蔬菜"服务取代超市的主意，总是与实际购买力相矛盾。

🗅 行动方案

你将产品拆分的风险是什么？你的利润中是否有很大比例来自一个产品或一类产品？

如果你的利润是来自一个产品，是否会出现一个只销售这个产品的新竞争对手，挤占你的市场，让你只剩下低利润产品可卖。

或者，你的高利润产品线是否容易受到不同种类替代品的冲击——比如DVD就被在线流媒体所替代了。

两个矛盾的策略——为什么两者都对

对于我们这些跟消费者做生意的人来说，有两个关于去中介化的策略值得思考。

首先是如何继续销售我们的组合产品。在我们刚才讨论的答案中，哪一个能让我们的消费者继续光顾呢？这是一个很有说服力的话题，因为真正了解为什么消费者应该购买我们的组合产品和服务，意味着我们将确保向消费者提供他们需要的东西。

为了降低被竞争对手冲击的风险，我们可以采用以下几种捆绑销售策略：

- **传统和显而易见的答案就是推销。**把产品组合展示，那些好的搭配不但可以鼓励人们购买组合产品，还可以通过增加消费者以前不知道的产品形式来创造需求。无论是给礼服和套装搭配漂亮的配饰，还是用很耗电的手机展示快速充电设备，都是通过推销来鼓励搭配购买，这是捆绑销售的主要内容。

- **除了简单地组合展示产品，我们还可以将产品捆绑定价。**在消费者购买组合产品时提供折扣，使产品之间的联系更加紧密，同时也降低了线上消费者进行简单比价的能力。为一组产品制定捆绑定价是非常有用的。游戏机（利润很低）通常会捆绑三四款游戏销售是合理的。这样的捆绑销售不仅削弱了比价的影响，还能大幅提高销售产生的利润。

- **一种新颖但同样有用的捆绑销售方式是，随着时间的推移创建捆绑包。**如果消费者会定期购买一种产品（如宠物食品、汽车用油、家庭清洁产品等），而我们能够给消费者提供一个能简单地定期下单的渠道，那么我们将再次保护自己不被竞争对手冲击。当消费者可能从竞争对手那里购买产品时，我们仍能锁定一条经常性的收入流。正如我们前面所看到的，这些都对CLV有很大的影响。

- **在某种程度上，捆绑销售的尽头是订阅。**把经常性购买带入逻辑结论，我们会发现，如果给会员或者订阅消费者提供一个"全部通吃"服务，让他们凭借会员或订阅消费者身份，可以随时浏览他们想要的各种产品，那么我们就能解锁各种各样的好处。来自订阅的收入是经常性的、可靠的，"全部通吃"的服务往往会吸引并锁定我们的最高价值消费者，这样我们就会从数据和分析中得到好处，这是我们之前就讨论过的。

上文是一个吸引人的策略清单，但有一个重要警告：这些策略没有一个是容易的，因为消费者会一眼就看穿一堆乱七八糟的东西。

> 如果你相信你能为消费者提供专业的、指导性的、有价值的服务，或者精心策划的、高质量的系列产品，并且他们愿意为此支付溢价，那么你最好是对的。

当消费者开始选择亲自设计自己的假期时，度假企业第一次受到了业务上的挤压，这也让许多高端旅行社的体验质量下降。面对市场的下滑，他们试图控制成本，但这么做恰恰是错的。作为一个消费者，如果你怀疑自己设计假期不会更便宜、更简单，那么你的怀疑很快就会消散了。因为当你坐在旅行社时，你会看到他们用着和你一样的网站，并和你一样翻看着旅游手册，看上去完全不像比你更了解这次旅程。

被竞争对手或自己的消费者绕过的恐惧是一种健康的恐惧，它能激励企业行动起来。如果我们品牌的秘密是专业知识，我们就需要努力让它发挥作用，对企业的招聘、培训和激励产生影响。同样，如果我们的实力取决于规模经济和购买力，那么我们最好也将其变为现实。在过去的10年里，大型超市的食品杂货价格被规模很小的新入局者大幅压低，这提醒人们，规模经济是一种需要艰苦维护的模式，不是上帝赐予的礼物。

但是，对于"为什么消费者可能继续从我们这里购买商品"的分析结果，不能作为"困难永远不会发生在我们身上"的借口。我曾经听一位大型电信企业的资深主管自豪地介绍说，他所在企业的大部分利润来自业务的复杂性——消费者一直在为自己不知道的服务多付费。不用说，从那以后，它的股价一直没有很好的表现，因为消费者越来越清楚他们在哪里得到了有价值的服务，而在哪里被敲竹杠。

其次，另一种可能的去中介化策略当然就是我们自己主动做这件事。就像我们之前说过的线上低价竞争对手增长的广泛影响一样，太多大品牌已经错过了数字世界为那些精明的、狭隘的和有高度针对性的去中介化策略创造的机会。

> 优步不是任何一家大型出租车企业发明的，爱彼迎也不是任何一家大型连锁酒店发明的，但它们仍然存在，并在各自领域产生了巨大的影响。

如果你有一家宠物用品零售企业，你认为为宠物的主人定期提供跳蚤防治产品的品牌化和垂直服务有市场，那么你有两个选择：一种是通过你的实体店和网站提供这样的服务，作为延伸业务的一部分；另一种是在网站上创建一项独立的品牌服务，直接吸引消费者。

在实践中，你可以选择综合的方式、独立的方式或同时采用这两种方式（同时采用两种方式，建立独立品牌门户网站的额外成本是最小的）。正确的选择取决于具体的市场和产品类型，但一个简单的指南是，如果一个针对高利润业务部分的市场看起来可能会形成，那么你应该采取独立的方式。要么用你的购买力和消费者知识创建不同的服务来防止别人抢走你的市场；要么通过创建一个与核心服务更紧密结合的服务，使用你的品牌认知度和市场带宽达到相同的效果。不管怎样，眼睁睁地看着新入局者通过创造你本来就能做到的服务来夺走你的利润是不可接受的。

☑ 小结

因此，去中介化的悖论在于，我们的应对策略应该是在两个方面都挑战自己。一方面，我们要思考怎样给出有价值的捆绑销售方案（这样我们就不会被竞争者挑战，失去我们价值链上的单个部分）；另一方面，我们又要思考如何能先人一步，满足任何新兴的非捆绑式服务的需求。

> 解决这一矛盾的方法是，这两种途径都可以在不同的时间，从不同的消费者身上产生价值，并且可以在同一家企业内共存。

现在我们已经看到了新常态下的所有规则。它们中的每一条放在20年前都是会被嘲笑的，或者根本行不通的，但现在已经足够明显，我们很容易在现实中发现这些规则。

新入局者会将你的同类产品或服务拆分成很多部分，并从中挑选出最好的部分。他们会在网上以接近成本的价格出售你的同类产品。消费者会以新的方式发现你的业务，会在你不注意的时候谈论你，并为你树立品牌声誉。他们会要求与你的品牌和你在品牌建设历史中的投入建立一种真实的、个人的和人际的关系。实体店和产品开发将成为你的竞争优势或威胁。

尽管如此，所有这些变化还是创造了巨大的机会。在过去的几十年里，全新的市场出现了。如今，新入局者主导着许多市场，与数百万消费者（以及数百万潜在消费者）同时进行有意义的对话从未像现在这样容易。

然而，我们需要的是重新调整我们的业务，以确保能充分利用这些机会。在零售行业中，许多看似不言自明的观点已不再正确。尤其是，成为一个成功的企业所需要的东西，以及成为一个成功的企业领导者所需要的技能，都已经改变了。特别是对于某些规模较大、历史较长的企业来说，这可能是一个巨大的挑战。对于那些只知道用老办法获胜的中高层管理人员来说，抛弃那些不再管用的东西，重新创造业务。这一过程一定会让他们感到恐惧和威胁。

☑ 展望第二部分

每当一家伟大的零售企业从商业街消失时，人们都会问同样的问题：怎么会这样？面对接二连三的事后分析，问题的答案有时似乎不言自明，以至于真正的问题变成：企业领导层怎么没有预见到这一点？

在分析新常态下的规则时，我们已经瞥见了几次明显的失败策略的原因。现实情况是，即使是在最好的情况下，改变一家企业也很困难。任何企业都是一个巨大的利益联盟，其中包括股东、供应商、员工和消费者。任何试图改变企业策略或重新定位企业的人都知道，要让这一庞大的利益联盟支持新计划有多么困难。

转向新常态的变化使改变过程更加复杂。因为它不仅要求我们探索新的业务线和新的增收机会，也迫使我们考虑如何消灭、蚕食、放弃或丢掉一些关键的历史资产。

受到新常态挑战的零售企业发现，几十年来行之有效的定价方式已不再奏效。它们发现，它们所依赖的利润来源突然消失了；它们发现，有了自主权的消费者得到了以前没有的选择，而且它们有能力"一键"换掉供应商；它们发现，一个建立在寻找、确保以及每年运营越来越多的新实体店的基础上的组织，突然需要收缩规模、重新思考并设计其实体店的整体策略。

这些都是股东需要努力解决的难题。他们是勇敢的投资者，支持放弃一个具有历史意义的利润流，释放新的增长来源，抵御新入局者的攻击。但他们也对业务团队提出了要求。在许多情况下，我们需要实施的策略所要求的技能和专业知识并不是我们的员工从小到大所具备的。在新常态下，高层领导在过去几十年里积累起来的专业技能可能比以前更没有价值。

新常态给我们的业务带来了一系列各种各样的挑战，为不作为创造了完美的温床。对于一个不愿考虑长期前景的管理团队来说，新入局者的缓慢且微不足道的影响乍一看很容易被忽视。

在一段时间内，这种缺乏行动的策略甚至看起来像是一种成功的策略。企业庆幸自己没有投资于新技术或复杂的会员计划，而是专注于"零售真正的基础——对消费者至关重要的东西"。在短时间内，它们甚至看起来比那些选择为改变而投资的竞争对手更有利可图。

但后来故事结束了，零售品类一系列似乎微小的变化突然成了一股浪潮，而那些没有做好准备的企业被"拍死在了沙滩上"。

零售企业未能及早认识到变革的必要性是可以理解的，但是如果我们要彻底改造我们的业务，避开我们的新竞争对手，与消费者建立持续几十年的关系，那么这就是不可接受的。

因此，在第二部分中，我们将从诊断问题和给出解决方案转移到讨论如何真正地推动变化。如果你已经完成第一部分的行动方案练习，可以与你的员工开始努力改变，那么你已经有了一个良好的开端。但现在我们需要考虑我们可以采取的行动，以便最大化地使这些策略成为现实。

做到这一点的方法不是渐进的或微妙的。它是为了重新启动你的生意。让整个组织的人都参与到一个有意识的、明确的、诚实的过程中来，评估新常态如何改变了你的规则，以及你将如何应对；你当前业务的哪些方面是有价值的、重要的、值得加倍投入的，哪些方面需要清除；你业务的哪些部分最容易受到颠覆性的新入局者的威胁，以及你如何利用这个机会来进行自我颠覆，不让新入局者有机可乘。

我们将以新常态下的规则为基础，在第二部分中，探索一系列步骤。这些步骤可以帮助我们重塑我们的企业和我们自己作为企业领导者的形象。我们将探索成功和失败的案例，并从中吸取教训，然后制订计划来重塑我们的业务。

第二部分

为新常态而生的
方案

07

第七章

构建你的方案

　　欢迎来到第二部分。如果你已经阅读了第一部分，花了一些时间和思考空间来做行动方案练习，那么你应该掌握了一些帮助业务在新常态下蓬勃发展的理念。（顺便提醒一句，如果你跳过了行动方案部分，准备稍后再练习，那么现在应该回过头去练习行动方案。你会发现这些练习十分有用，如果你不这样做，我也爱莫能助。）

　　正如我们在第一部分末尾所讨论的那样，知易行难，阐述在新常态下我们需做出的改变总是比实践起来简单。在第二部分中，我们将尝试解决这一问题，确保我们自己的"新常态策略"不是纸上谈兵，让它能够真正被实践。我们将执行以下操作：

- 了解如何激励我们的团队。

- 确保我们的组织具有做出改变所需的技能。

- 考虑一些有效的方法来克服"此处未发明"并从早期成功中

获得动力。

- 必要的时候带动股东、投资人和其他利益相关者与我们一同参与艰巨任务。

- 采取激励措施确保我们创造的变化是永久的，而不是暂时的。

现在，我们首先需要将第一部分中的结论汇总到适合你所在行业的特定计划中。第一部分提出了许多你可以做的事情。现在是时候将你的计划方案汇总，真正实践起来了。

让我们以书名中的"重塑"一词开始，这种方式或许会出乎你的意料。如何保留和保护现今拥有的最佳业务，同时推动所需的变革，是我们的主要议题，值得重点关注。

关于实体店在业务中的作用，我们在规则四中曾谈到这一点。许多零售业务模式在新常态中受到挑战和破坏，这并不意味着与这些传统业务有关的一切都是糟糕的。确实，正如我们所见，某个万亿美元规模的企业，将新潮的手机与同样炫酷的实体店相结合，这一模式大获成功，现在许多网店也对实体零售投来羡慕的眼光。

> 重塑零售业务的使命不是试图效仿在新常态中如雨后春笋般涌现的新竞争者，而是要击败它们。

我们可以通过充分利用竞争对手的优势来击败它们，同时将其优势与我们现有优势相结合。我能想到的许多遭受挑战的零售企业，现在还有实体店布局，有着稳定的供应商关系及已经成为行业专家的上万名员工，还有忠于品牌的消费者。这笔巨大的财富是任何一个新入局者都觊觎的。

因此，我们制订变革计划的出发点是考虑已经拥有的资产，以及在与新竞争者的战斗中如何部署这些资产。这也是重塑计划的核心要素：大规模的自我意识的觉醒和对现实的反思。

☑ 一个警示故事

让我们思考一个有益的故事。我们都记得录像带出租店，那里摆放着VHS盒式录像带（以及后来的DVD）的墙面，柜台上陈列着一堆奇怪的、非常昂贵的小吃，还有一个复杂的数学公式，粗略告诉你可以租借的视频数量和租期。

我很怀念在录像带出租店流连忘返的快乐时光，我曾期待在那里能租到最新的电影，如果没有，我就不得不一遍又一遍地重看《星际迷航》，连这种失落感都非常令我怀念。

录像带出租店怎么了？好吧，显然，这个世界在前进。

通过宽带连接网络，我们逐渐可以完全绕开录像带出租店，通过网线将视频传送到我们的家中。最终，有了现在的便利——我们可以在线购买或租用视频，从庞大的资源库中进行选择，还可以订阅相关内容，立即观看最新的高清视频。

这些新颖的、便捷的、可以即时访问的线上视频平台最终使旧的业务形式变得多余，先是一步一步地溃败，然后很快地在整个零售行业中消失。

在新常态下，为消费者创造消费新途径的其他领域也发生了同样的事情。亚马逊和电子书的兴起可能并没有完全摧毁实体书店，但实体书店已经式微。实际上，大部分印刷媒体现在都处于困境。大多数地方报纸集团都在勉强维持生计，具有讽刺意味的是，它们常常利用线上分类广告的收入来实现这一目标。

当我们试图研究自己的业务如何应对不断变化的新常态时，对于我们来说，真正令人震惊的教训不是录像带租赁行业或大型实体书店连锁店已经消失，而是这种变化就发生在我们身边。

真正的教训来自扪心自问的关键问题：如果视频商业注定将从租赁实体店转变为线上平台，那么为什么租赁企业没有走在变化的最前沿？为什么那些录像带租赁品牌没有发展成为如今的线上视频巨头？

毕竟，它们一开始就聚集了先天优势。在线上视频成为一种趋势，而传统录像带租赁业务开始呈下滑态势时，它们部署流媒体业务本可以利用的资源有：

- 它们与电影发行商和内容版权所有者保持着联系，在多年的业务交流中已积累信誉。

- 它们的品牌拥有享誉国内外的知名度，并且在消费者心目中与家庭娱乐相关。

- 它们已经以某种形式或其他方式拥有计费系统和内容数据库。

- 它们有一个现成的营销渠道——每周都有成百上千人光顾的实体店，它们的员工可以让这些消费者注册新的线上视频账号。

- 最关键的是，它们了解消费者。它们拥有庞大的消费者数据库，知道消费者喜欢看的电影种类，他们的住所以及如何与他们取得联系。

虽然拥有以上优势，但是对于传统的录像带租赁企业来说，建立线上流媒体业务仍然很困难。它们需要在数字技术上进行大量投资，与电影发行商的许多历史性协议需要重写，还可能支出一笔巨大的、用于新业务营销的投资。

但是对于刚进入这个新兴消费市场的参与者或创业企业来说，这些事情也都是需要做的，而且它们在开始时还没有传统"行业大佬"拥有的优势。

然而，尽管具有所有优势，但历史告诉我们，线上流媒体业务最终被才起家不久的科技企业占领，而主导传统录像带租赁业务的大品牌基本上已经消失了。

而且这种现象不仅限于视频市场。在互联网浪潮到来之前，网上书店并不受那些大型书店运营商的支配。在许多国家，食品杂货的送货上门服务也不是由现有的超市率先发起的，而是由新入局者开拓的。

创新对于新入局者来说比对现有企业更容易，这不仅仅是在实体零售行业。看看像脸书和推特这样的互联网巨头，它们会以数十亿美元的价格收购像Foursquare和Instagram这样的创新型初创企业。

像脸书这样的企业，研发部门怎么就没有开发允许我们在线共享照片的功能？为什么这个功能反而是由一家有着很小的团队和一些种子基金的小型初创企业研发的？互联网巨头热衷于收购的行为，展示了它们非常担心因为自己看不到的创新而被淘汰，就像它们在进入新常态时代之初淘汰其他行业那样。挑战零售行业的变革过程尚未停止，也不会很快停止。

☑ 为什么经常是后来者居上

因此，我们看到了一个有趣且将会长期存在的趋势。当面对改变游戏规则的创新时，市场中的传统领导者往往会错失机会，无法发挥自己的优势主导创新。取而代之的是，这种变化通常是由新入局者主导的，而这些新入局者没有受到任何传统市场的阻碍。老牌参与者会面临这样的选择——是量力而行稍后进入新市场，还是逐渐淡出人们的视线。

这是为什么？这里有一个线索，就是"阻碍"一词。

我们可以从另一个角度，解读录像带租赁企业所拥有的资源。不可否认，消费者光顾的实体店、货架上DVD的存货以及员工和消费者数据库都是它们的资源。但这些资源也是历史投资的结果，需要被维护，需要实现盈利来回报股东。

当新入局者和新常态正在改变世界时，它们变成变革的旁观者而不是领导者，这些曾经的优势资源，如今变成行业巨头无法接受变革的枷锁，阻碍了它们拥抱变革的机会。这也是"历史遗留"问题。

人类天然有着保护资源的本性。那些我们耗费多年心血获得的东西，那些在创建业务上投入的资金，那些日积月累形成的知识产权，都代表着我们过去的优势。当面对这一系列"历史遗留优势"

时，在取舍之间挣扎是我们的本性。当世界各地的零售企业面对电商发起的挑战时，多数董事会的讨论自然而然会围绕如何保护其实体店、如何使消费者留在实体店、如何避免传统业务受到新入局者和创新的攻击。

☑ 沉没成本谬误

经济学家对此有个专有名词——"沉没成本谬误"。我们已经花掉的钱无法回收。对于我们来说，根据已花费的资金来决定未来是不合逻辑的。相反，我们应该重点关注将来可以改变的成本和收益。

举个例子，我已经购买了本周末去乡下旅行的高价车票，且不能退款。然而天气预报说，原本应该是晴天的周末变成阴雨天，我才意识到我想要参观的景点之一将关闭几天。

有很多因素会影响我是否仍然选择去旅行。但是，从逻辑上讲，我已经买了车票，这一事实无法改变。毕竟，无论我是否去旅行，我都已经在买车票上花了钱。现在我对此无能为力了，仅仅因为我已经有了一张车票，我就要在雨中度过一个痛苦的周末，这样是没意义的，不是吗？

最终，我还是决定去旅行了。行为经济学家定期观察到，作为人类，我们始终将沉没成本作为决策依据。将我们无法收回的过去支出，作为对未来的决定依据，可能是不合理的，但人性如此。我们所有人都能察觉到，去做某事或去某个地方的动力已经变了，因为如果不这样做，我们先前的决定就会看起来很愚蠢。如果我不去旅行，浪费了车票，那么我一开始买高价车票的行为看上去就很愚蠢了，不是吗？这件事的沉没成本谬误模型如图7.1所示。

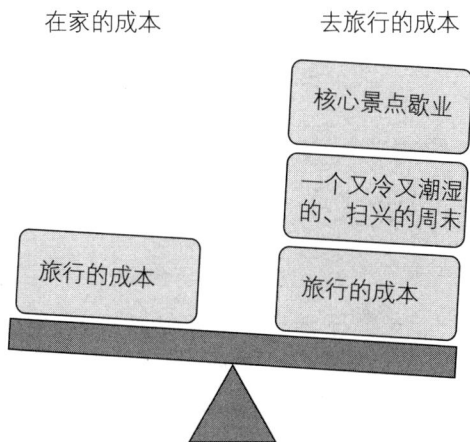

图7.1　沉没成本谬误模型

如果这种不合理的决策导致我在雨中度过了一个糟糕的周末，那只是我的不幸。但是沉没成本谬误的影响要大得多，因为它不仅影响我们作为个体消费者做出的决策，也主导着大企业业务策略的制定。

董事会想保住过去的业绩并从中获得回报，这在任何时候都是无须赘述的事实。如果你有一大笔钱，投资了一家连锁实体店，但是现在每个人都在网上购买产品，那么你将面临如何处理这些连锁实体店的挑战。你也许可以将它们重新定位为招徕消费者或为消费者提供服务的窗口；也许还能将产品出售给老消费者；也许不得不做出歇业的痛苦决定。

但是，无论你选择对这家连锁实体店做什么，都对你面前的其他决定完全没有影响。你是紧随线上消费者，以他们期望的方式来服务他们，还是将变化的市场拱手让人？

这样看来，决定似乎是显而易见的。但是多年来，无数企业选择无视新渠道和新技术，它们告诉自己（和股东），"束手就擒"的原因是，新渠道和新技术的有效性未经证实、市场不大或无利可图。

> 许多企业害怕承认自己的一些历史性投资已不再适合新常态，现实却是，它们过去建立的某些资产不再像从前那样有价值。

它们没有拥抱变化，没有积极寻求新兴市场，而是固步自封，局限于耕耘昔日的业务，这造成了不可避免的长期结果。

☑ 所以，我们能做些什么？

一个历史悠久的品牌的领导者，面对新常态下的挑战，推动行业变革不是一件易事，假装否认这个事实毫无意义。如果你的销售渠道关联性不强，或者你的工厂赶不上制造技术的新发展，或者你的消费者服务模式受到了来自线上低成本服务的冲击，那才是你将面临的真正挑战。

但是，为了保护过去的资源，假装不承认变革的事实，这是没有逻辑的，最终也只是徒劳一场。相反，聪明的做法是将问题一分为二：

- 在你所处的行业中，拥抱新常态，防止新入局者蚕食你曾经的强势市场、分一杯羹的最佳方法是什么？在你的历史资产中，哪些可以发挥作用，帮助你实现这一目标？

- 同时，将业务整合再利用的最佳方式是什么？如何放弃对消费者不再有价值的业务?

每个问题都是一个难题,值得在董事会议上进行认真讨论。但是第二个问题以第一个问题的存在为前提,不能假装第一个问题不存在。忽视第一个问题的结局,就和录像带出租店一样。

如果我们的目标是在实施新策略时,确定业务的哪些方面将真正地成为优势,那么如何才能做到最好?

答案当然是从消费者开始,因为他们可以决定是否为产品买单。只有消费者对新策略的集体响应才是重要的,而我们只有如实地了解这一反馈,才能摆脱沉没成本谬误,客观地评估我们的业务。

这种理解可能是直觉的,取决于你团队的能力,他们能否深入消费者的视野并以消费者的方式了解世界。这也可能需要我们在第一部分中已经讨论过的消费者调研技术,接下来我们将再次讨论。无论采用哪种方式,通过消费者的眼光评估我们自身的优缺点都是至关重要的。

☑ 制定新常态策略的4个步骤

无论你采用哪种方式收集消费者反馈,我都建议你通过以下4个步骤来认真评估你的企业在新常态下的优势和劣势,以制定合适的新常态策略,如图7.2所示。这是基于第一部分的规则,具体构建你相关业务的最佳方法。

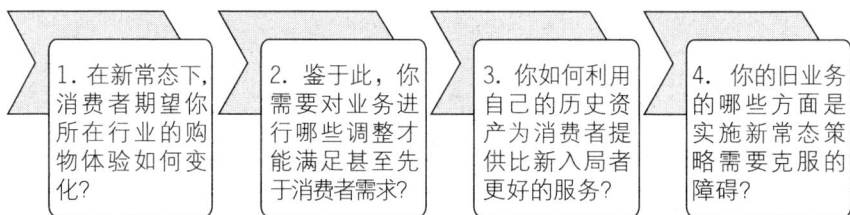

| 1. 在新常态下，消费者期望你所在行业的购物体验如何变化？ | 2. 鉴于此，你需要对业务进行哪些调整才能满足甚至先于消费者需求？ | 3. 你如何利用自己的历史资产为消费者提供比新入局者更好的服务？ | 4. 你的旧业务的哪些方面是实施新常态策略需要克服的障碍？ |

图7.2　制定新常态策略的4个步骤

1. 在新常态下，消费者期望你所在行业的购物体验如何变化？

● 这可能很简单，就像他们现在期望的那样，在实体店能像在网店一样搜索、购买东西。

● 可能你的服务被去中介化了，而新入局者将其分解成较小的部分。

● 可能消费者愿意为你付费的平衡正在改变，因为他们需要你提供更多个性化或定制化的体验。

● 消费者可能有其他选择，比如在其他地方购买你的同类产品，甚至完全满足其基本需求的其他产品。想一想在家看电影与去电影院看电影，虽然方式不同，但有时仍可以替代。

● 确实，我们在第一部分中讨论的任何变化都可能会影响你的消费者，通常会同时出现几个变化。

2. 鉴于此，你需要对业务进行哪些调整才能满足甚至先于消费者需求？

● 你可能需要重塑产品、重新设计零售渠道、调整定价策略或进行其他一系列的改变，以便"贴近"新消费者的实际情况，而不是否认它。

- 当然，这就开始成为你为新常态制定策略所需要做的新事情的框架。

3. 你如何利用自己的历史资产为消费者提供比新入局者更好的服务？

- 如果消费者想在线上购物，那么你当然需要开展线上销售。如果你也有实体店，那么如何利用实体店提升消费者的线上购物体验？在网站上设置"点击查询实体店""线下回收服务""返回实体店"等功能是很好的例子，但你能想到更多好点子吗？

- 如果你的竞争对手是超市或电商巨头，它们把你的同类产品与成千上万的其他产品一起销售，那么你将面临一些艰难的价格竞争。但是，你可以思考一下，如何使实体店员工发挥特长，靠精选的产品、捆绑销售的产品组合或者其他给消费者增值的服务，让实体店重新焕发生机。你与供应商的长期关系能不能使你拥有稀有的、容易缺货的或定制化的产品库存？

- 完成这个过程，将为你的新常态策略增加第二个要素——利用历史优势来超越那些新入局者。

4. 你的旧业务的哪些方面是实施新常态策略需要克服的障碍？

- 对于许多零售企业来说，传统的负担是建立IT系统。但同样具有挑战性的是，原有的成本模型会使你失去竞争力，与新入局者或已建立的工作惯例相比，它们不再适合新常态，只是"我们一直在遵循的方式"（尤其是那些保险企业）。

- 你可能还会发现，你那些曾经发挥巨大作用的业务的某些方面也需要进行很多调整。与只有网店的竞争对手相比，你的实体店可能是一种多渠道的资产，但它们可能需要经过大量翻新才能实现这一目标，而你真正需要的实体店数量也很少。

- 你可以做些什么来消除或减轻这些负担呢？对于许多零售企业来说，这是一个巨大的挑战。例如，众多品牌为了开发和建立多渠道而开展了漫长、昂贵和明显已经过时的IT项目，却发现拥有10人团队的新入局者只利用周末或更少的时间就做了相同的工作。稍后我们将进一步讨论如何避免这种情况。

- 这是实践中最困难的阶段，但是制订一个有效的计划来克服实施新常态策略时的传统障碍至关重要。这需要谨慎地管理利益相关者（我们将在后面进行讨论），实际上，这是相当重要的。

以上就是制定新常态策略的4个步骤。从消费者的角度出发，确定他们的需求如何变化以及我们如何应对，然后利用好过去积累的历史资产，推动这新常态策略的实施，同时找到方法避免被传统障碍拖累。

☑ 一个可行的示例

为了使所有这些变为现实，让我们来看一个可行的示例。这可能与你的情况类似，即使不是，我也希望能为你提供一些思考的空间。

零售企业X在英国有500家小型实体店，在其他国家更多。它在专业领域具有很高的地位，与供应商建立了良好的关系，在产品上能做到真正的差异化，实体店里的员工忠诚而热情。尽管如此，互联网的新入局者仍在不断侵占X的市场份额。其中一些是亚马逊和其他跨行业的巨头，还有一些如雨后春笋般涌现的小型企业，它们在网上脱颖而出，创建了X所售产品的论坛供粉丝交流。现在，连超市和折扣店都开始加入进来。

X可以做些什么来保护和扩大自己的市场份额呢？好吧，我们在第一部分提出了很多机会。管理团队可以加快产品创新的步伐，淘汰那些本领域的小竞争者。它可以更灵活地将产品捆绑销售，并将定价策略作为武器。它有巨大的机会利用其消费者数据库和从该数据库中获得的消费者信息，通过将消费者视为具有不同产品和服务需求的个人来发展个性化、定制化业务。

X如何才能发挥自己的历史优势来使这些策略更有可能成功？，X强大的品牌为其提供了一个将新产品组合推向市场的绝佳平台。通过掌握的消费者信息，可以为其最有价值的消费者提供会员资格，促使他们重复购买甚至订阅服务。最重要的是，它在商业街的实体店和出色的员工可以通过开展活动和促销来创造路人对产品的需求。

所以，有什么问题吗？X业务的哪些方面可能会成为实施新常态策略的障碍呢？好吧，它有很多实体店，在过去几年一直很艰难，所以需要投资翻新。它们不一定能实现新常态策略所要求的充满活力的产品展示功能。艰难时期也导致实体店的营业时间缩减，或者有价值的员工离开了实体店。X的IT系统来自过去10年，因此，推出新的、更复杂的产品比看起来更艰难。X的网站由一家昂贵的系统集成商安装，虽然还可以，但仅此而已。它可以工作，但并没有真正集成到实体店运营中，因此无法真正实现多渠道运营。

这听起来熟悉吗？

正如我们所回顾的那样，X的下一步包括两个方面。一方面，它需要制订计划以发挥其优势并实施新常态策略。这是不容置疑的，因为这是防止"死"在众多竞争对手围攻之下的唯一方法。

另一方面，它需要找到规避历史遗留问题的方法。它可能需要关闭一些实体店，尽管有些痛苦，但这样做可以释放资金来重新定位那些仍然是品牌中心的实体店。它可能需要采取一种完全不同的IT系统，也许要从创建更现代的、以Web为中心的架构开始。

无论做什么，都需要经过消费者测试。这样才能看出它是否在创造使消费者产生积极反应的产品和服务，从而赢得市场份额，以及它的考虑是否基于成本，同时获得了收益？

☑ 小结

实现这里的每一步都不简单，但这4个步骤是一个非常强大的练习，值得我们去做。

我发现有两个原因。第一个原因，显而易见，在回答上述4个问题时，我们就已经开始制定应对新常态的策略。

> 第一部分中的许多行动方案练习都会为你提供制定策略的思路。这些思路应该整合在一起，形成一个连贯的整体，为你应对当下的变革打下基础。

第二个原因也很重要。策略的改变最重要的是关于人的改变。

在新常态下，品牌生存的障碍存在于人们的大脑中，实际上，大多数应对挑战的解决方案也都在人们的大脑中——他们的产品知识、消费者信息和对品牌的热情。

为了使我们的新常态策略被贯彻执行，我们将不得不改变位于数百个地点的数千名员工的思想。第二部分的大部分剩余论述都针对这一挑战。但是，了解我们业务的真正优势以及我们在竞争中所拥有的资产，可以使我们一心一意地实施计划，我反复发现这是领导者可以带给业务的最有力的尊重之一。

通过了解员工的技能、专长和业务历史，你可以开始带他们进入全新的商业模式。我已经看到太多的策略、计划都暗中以"这里的一切都是垃圾，我们更应该开展像那边一样的新数字业务"开头，并立即导致失败。

> 对你今天拥有的业务表示一些尊重，身处其中的人就会更有可能帮助你建立明天需要的业务。

我们已经在本章中看到了在良好的消费者反馈的基础上制定策略的重要性。这是商业中最古老的格言之一：你度量什么，就会得到什么（You get what you measure）。要重塑我们的业务，还需要重塑我们的KPI，这就是我们接下来要做的。

08

第八章

你度量什么，就会得到什么

我们刚刚谈到了把消费者反馈作为我们选择策略的过滤器的重要性。如果一项新策略不能创造出消费者看重的产品和服务体验，那么它就没有任何意义。

这里有一个表达这个目标的简单方法——我们正在努力确保人们非常喜欢成为我们的消费者，让他们选择一次又一次地回来，甚至告诉他们的朋友我们有多棒。

> 新常态下的最高奖励是参与——成为人们真正想要与之产生联系的品牌。

当在不同品牌之间切换很容易、比较价格和功能也很简单的时候，让品牌脱颖而出比在任何时候都要重要。随着消费者掌握的信息越来越多，他们也越来越频繁地在网上分享建议、观点、推荐和吐槽，品牌的口碑越来越决定着我们能否打败竞争者。

幸运的是，这里有一个度量我们能否成功的方法。净推荐值

（Net Promoter Score，NPS）问了消费者一个非常简单的问题："你会把这个品牌推荐给你的朋友吗？"他们会打出一个从0到10的分数，你可以运用NPS公式将分数转化成一个单一的数字，如图8.1所示。任何给你打9分或10分的消费者都被认为是促进者；打0~6分的消费者都被认为是诋毁者；打7分或8分的消费者则被认为是被动者。

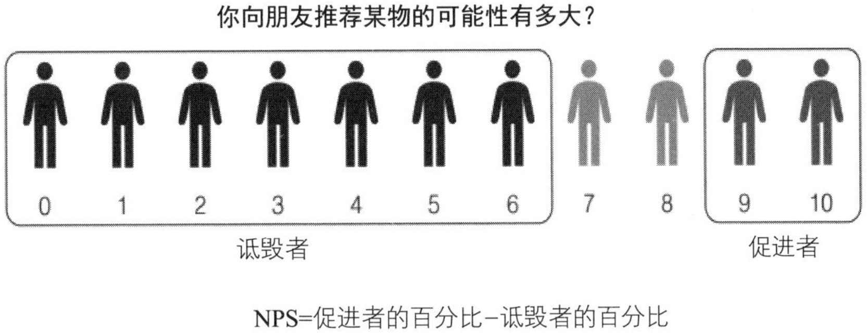

你向朋友推荐某物的可能性有多大？

NPS=促进者的百分比−诋毁者的百分比

图8.1 NPS公式

你的NPS就是促进者的百分比减去诋毁者的百分比。中间的被动者被省略了，因为他们在完成调研时，试图表现得有礼貌，但他们的观点显然没有足够的热情去支持任何一方，从而无法影响分数。

因此，NPS可以是一个负数（如果你的所有消费者都是诋毁者，那么你的NPS差不多是−100分，在这种情况下，你要做的事情就比阅读这本书更重要了），如果你品牌的各方面都很完美，那么NPS也可以达到100分。

☑ 为什么NPS是一个有用的KPI？

NPS背后的理论非常有趣。通过使用"你会把这个品牌推荐给你的朋友吗"这个问题，我们大大提高了度量的标准。简单地问消费者是否喜欢这个品牌或是否会给它很高的评价是一回事，但对于消费者来说，向朋友推荐是另一回事。一旦消费者这样做了，就把自己和品牌联系在了一起，如果他们对该品牌有任何质疑，他们都不会这么做。同样，通过分析两极结果（非常高和非常低的分数），我们能够得出真正重要的观点——哪些消费者很愿意把我们推荐给别人，相反，哪些消费者对我们太失望以至于会向别人传递对我们的负面评价。

☑ 为什么NPS没有用？

NPS也是一个有争议的工具。毫无疑问，随着它的使用越来越广泛，它也开始被"玩坏"了。20世纪70年代，查尔斯·古德哈特创立了著名的古德哈特定律——一旦一项措施成为目标，它就不再是一项有效的措施，因为对该项措施负责的人将开始设法让数据向正确的方向移动，而那不是我们真正想要的结果。直到今天，古德哈特定律也非常受用。

一次，我的宽带供应商的一名服务工程师来我家拜访，我得到了一个古德哈特定律作用于NPS的极好的例子。在他修理完之后，他告诉我之后我会收到一条短信，这条短信会询问我对他的服务的满意度，他叮嘱我不要打7分或8分，因为那不算数，只有9分或10分才能让他获得奖金。

除了"可操纵"的缺点外，NPS也是一个非常脆弱的指标。如果你对调研方法做了非常轻微的改变（例如，在NPS问题之外还问了其他问题，或者改变了消费者回答的渠道），那么你会看到这些数据发生了很大变化。出于同样的原因，使用与自己相同的方法（从而生成可比较的数据），很难对竞争对手的NPS进行可靠的度量。

然而，我们经营的是企业，不是调研机构。我们不是在试图撰写有关我们行业的学术论文，我们是在试图从竞争对手那里赢得业务。在现实世界中，要衡量我们是否走在正确的发展方向上，没有什么方法比跟踪我们的NPS更好了。

我在几家零售和酒店企业中实施了颗粒化的、逐店进行的NPS度量。在每种情况下，都有一个可操纵的因素。一个地区会因为另一个地区显示出更高的NPS而说它作弊。在每种情况下，我都看到了这个度量指标在发生变化时是多么脆弱。当你可以稍微调整你的问题并且可以向一个方向或另一个方向移动20个点时，就没有必要把你的40分与《哈佛商业评论》的一篇谈论行业领导者应该得到70分的文章进行对比。

既然如此，每周花费大量的时间和金钱，收集成千上万的数据来逐店生成NPS的意义是什么呢？这样做的意义有两个。

使用NPS作为记分卡可以让整个组织谈论它。

一个讨论让消费者高兴到想要推荐给他们的朋友可能意味着什么的企业，是一个会明智地投资时间的企业。高管询问为什么数据在某一周上升（或下降），可以引发有价值的讨论，比如市场上发生了什么、竞争对手在做什么以及消费者的反应如何。与许多财务措施不同，度量NPS更像是一种面向外部和面向消费者的措施。许多企业都把太多的时间花在追逐成本和利润等看起来主要面向内部的数据上。平衡那些内部的关键KPI和那些能让我们思考市场的KPI，对我们很有好处。

☑ 如何提高你的NPS

使用NPS的第二个意义是非常重要的，它可以让企业开始谈论度量KPI。

当你开始制作业绩表、周报和其他所有与KPI相关的材料时，迟早会有人问你这个神奇的问题：

> 我们该怎么做才能让这个数字提高呢?

对于一个聪明的企业来说，这个问题是一段非凡旅程的开始。有两种同样有效的方法来回答这个问题，这两种方法合在一起可以成为极好的组织变革催化剂。一种方法是从外部回答问题，从你的消费者和一线团队开始；另一种方法是利用数据和一些分析，从内到外地回答这个问题。让我们依次考虑一下这些问题。

找出促使NPS从外部进入你的企业的关键因素，这是一种极好的方式，将组织和办公室、实体店之外的真实世界连接起来。许多调研机构都非常热衷于帮助发展这个过程，我已经看到并参与了几种不同的方法，包括：

- 组建传统的焦点小组，让一小群消费者讨论你的行业、品牌以及他们对你的产品和服务的体验。从单面镜后面观察这个过程是非常可行的，我强烈建议采用这种方式，尤其是对于那些可能不会每天与消费者交谈的总部团队和高级团队。

- 更有趣的是互动焦点小组或"消费者亲密度"会议，在这个会议中，来自企业的一群人可以在便利的工作室与一群消费者一起工作。

- 人种学研究是一种能够接近消费者的逻辑结论的方法。到消费者的家里拜访他们，与他们一起去购物，通过他们的眼睛真正了解你的品牌。

这些方法都可以为你的消费者服务提供丰富的见解，这些见解能够真正引起消费者的正面或负面反应。与你的一线员工进行的另一组讨论也是如此。研讨会可以应用在你的主要贸易领域，将来自总部和一线的团队聚集在一起，为双重目标服务。它向那些每天与消费者打交道的员工证明，高级团队对品牌提供的消费者体验感兴趣，并希望听到他们的观点，同时也能产生关于消费者的实际见解。

所有这些数据收集就是调研人员所说的定性调研，而定量调研是将大规模的调研结果制成数字列表。这是应该的。我的经验是，相比于匿名调研，小规模的定性调研可以收到更加强有力的反馈。此外，还有一种企业文化方面的好处，那就是让企业里的人花时间和消费者在一起，创造他们自己的经历和轶事，供他们在扮演自己的角色时使用。在很多情况下，对消费者的调研——关于什么能使他们有好的体验，往往会产生相当平淡的答案——"让你的产品更便宜"。

☑ 建立一个"驱动者"模型

当然，我们确实需要一些硬数据来支持我们的见解，但我们有更好的数据来源。我们有来自NPS问题本身的数据，以及让我们从内到外观察世界的机会。

NPS调研很少只问一个关于推荐的问题。准确地说，问卷调研的问题应该尽可能少，不要变成45分钟的"你认为橱窗展示怎么样？"的这种问题。那些会让消费者感到厌烦而且非常武断（大部分没有什么代表性）。尽管如此，通常还有6个左右的附加问题，最明显的问题是关于产品或服务体验的主要方面的。对于零售企业来说，这些问题可能关于实体店的整洁度和吸引力、员工的态度、产品的实用性，等等。

一旦你建立起了成千上万个问题的数据库，就有可能帮助统计员做好工作。任务是这样的：找出在这些额外的问题中，哪一个问题的答案与NPS的相关性最大。由此，我们可以推测，我们所质疑的哪些因素可能是消费者推荐决策的关键驱动因素。有一系列强大的分析技术，你的团队或专家顾问可以使用这些技术从你的数据库中提取这些关键驱动因素。

☑ 打招呼的力量

答案可能令你吃惊。我曾共事过的两个独立零售企业，排名第一的NPS关键驱动因素是相同的——当消费者第一次走进实体店时，是否有人抬起头微笑着跟他打招呼。

> 事实证明，最初的瞬间体验，也就是我们的第一印象，驱动着一切。

带着抱怨走进来的消费者至少有人听他们抱怨；带着不确定的问题走进来的消费者可能会得到答案；那些不想与任何人交流，明确知道自己想要买什么的消费者，至少有种温暖的感觉，知道自己在这里受到了欢迎。

这一切都说得通，但并不一定是这两个企业在分析开始前就会选择的答案。我们在实体店各处布置的"昂贵的销售点"呢？产品陈列和产品展示呢？商标呢？并不是说这些事情都不重要，但是对于一个真正的消费者来说，来到一个真正的实体店时，人性化的东西更加重要。

☑ 用好NPS的5个关键步骤

我衷心建议你采用NPS并在业务中引入（或重新引入）它，确保遵循以下5个关键步骤：

1. 投入足够多的时间和精力去度量它，以便能够得到每周、每个实体店或经销店甚至或每条产品线的数据。

2. 围绕你的业务创建并促成一场关于NPS和如何改进它的讨论，通过小组讨论来产生真实的行动。

3. 投资制订一项"消费者亲密度计划"，以确保那些有重要决策要做，但又不经常见消费者的高管，有足够的时间与消费者面对面，能够形成自己对NPS的关键驱动因素的看法。

4. 对NPS结果和相关问题进行分析，以建立一些关于NPS关键驱动因素的假设。

5. 最重要的是，要经常围绕企业开展一些引人注目的活动。不要只度量NPS，要让别人看到你在关注它。

从长远看，我也会对这个过程的结果做一个预测。NPS的关键驱动因素当然会因行业而异，甚至因品牌而异。我们在这个过程产生的结果的细节对你来说是独一无二的。

> 但从本质上讲，在你的业务中，大多数NPS的关键驱动因素都与人有关。
>
> NPS的关键驱动因素可能非常直接地与你的员工以及他们如何与消费者互动有关，就像我上面讲的打招呼的力量一样。

它们也可能与你的员工间接相关。例如，在电影院行业，NPS的第二大关键驱动因素（在打招呼之后）是消费者到访时厕所是否干净。现在每个电影院或餐厅都有清洁厕所的轮班人员，但他们是否真的准时、有效地做好了工作，这关系到电影院工作人员以及他们的上级和经理的鼓舞和驱动。所以，最实用的东西是关于人的。

☑ NPS和新常态

我在好几个行业都看到了关于NPS真正驱动因素的新见解，它们指出了新常态中潜在的矛盾，而我们可以利用这一点。

一方面，互联网销售的增长，比价、评论和评级网站，加上我们目前看到的所有其他变化，都通过某种方式使消费者远离真正的品牌体验，使新入局者更容易进入市场。当每一个可能的供应商在谷歌搜索中的产品只是两行清单，通过比价网站就可以简单对比价格的时候，一个企业在差异化、消费者服务和品牌方面很难比另一个企业做得好。正是这种新常态的机械逻辑导致了价格战，产品以成本价销售，实体店逐渐被网店所取代。

然而，当被要求评价体验和推荐品牌时（包括那些只存在于网上的单一经营的网店），消费者会寻求情感和人性方面的互动。销售助理的问候、帮助和态度，送货司机或服务工程师的态度，在客服中心与客服人员交谈的经历——这些因素始终如一地帮助消费者决定一个品牌是否适合他们。

即使一个几乎没有人际互动的品牌，也是如此，这是事实。人们在谈论亚马逊时，会很快开始讨论它的退货政策对消费者有多友好。这是另一种非人际的互动，但在消费者的心目中，它代表着帮助和体贴。

这一见解的影响是深远的。当然，每个企业都一直在谈论员工的重要性，而且任何规模的大多数企业都有一套说辞，旨在以使命宣言、价值观清单等形式，管理和指导整个组织的行为。

尽管如此，从运营的角度看，许多企业真正关注的焦点是流程规范、成本控制、实现销售转化和提高销售附加率等商业目标。现在，大多数管理团队都在一定程度上真诚地表达了文化、价值观和行为在整个组织中的重要性，但从运营的角度来看，这一领域的大多数关注者（甚至是这一领域的学者）都已经开始遵循规范，例如，淘汰不顺从的员工行为。

然而，新常态的现实是，你的仓库、实体店、餐厅或本地服务机构愿意为你的消费者付出额外的努力，这是他们会记住并告诉朋友的事情。

如果你想要你的品牌在别的地方被评价，而不只是在谷歌上有两行描述和一个简单的在线比价，那么，那些真实的NPS关键驱动因素和消费者推荐是你最强大的武器。通常，它们是你历史资产的核心，如果你遵循了上述步骤，那么你将用它们来让自己的品牌更有辨识度。

☑ 使用NPS来驱动真正的改变

要做到这一点，就不能把使命宣言和价值观清单放在墙上做装饰，而要让它们每天都实现。特别是，我们需要将员工的工作流程从注重顺从和清除不良行为转变为注重发现、促进和创造卓越以取悦消费者。管理团队可以使用一些技巧来实现这一点：

- **以身作则**。每次我与那些领导高NPS组织和在消费者服务方面极具特色品牌的CEO和董事交谈时，我听到的都是同样的故事——管理团队树立榜样，这是向其他部门发出的最大信号，表明取悦消费者的行为确实会得到回报。

- **审查个别消费者的投诉**。追踪根本原因，并以此推动改变。

- **到一线工作**。花足够多的时间去体验在一线工作意味着什么（并且被你的员工看到）。

- **体验自己的消费者服务**。我见过太多这样的企业，高级员工永远不需要拨打客服中心的电话，因为他们有内部热线可以使用。这可能会造成一个极端，对于一个大型品牌来说，消费者服务响应时间的大问题只有在媒体报道时才会显现。

- **以消费者为中心来设计组织**。你的一线经理是花时间指导和激励员工，还是躲在办公室做文书工作？如果是后者，那很可能是因为组织中心坚持要求他们做文书工作，而且这种要求几乎肯定不是为了维护消费者的利益。

- **为成功而培训**。这几乎是一个古老的笑话——企业在困难时期首先削减的就是培训预算。尽管这可能是一个刻板印象，但它仍然发生得非常频繁。甚至当我们培训的时候，我们是简单地培训处理任务的机制，还是要通过培训得到我们想要的结果？如果你是餐厅企业，那么服务员的礼貌和表达技巧将成为NPS的重要驱动因素。如果新员工的招聘程序只是简单地教他们电脑系统和其他基础操作知识，那么当他们和消费者交谈的时候，他们的言行就完全受他们本能的支配了。反过来，如果你投资的培训能让他们表现得很好，就会对那些重要的消费者推荐产生影响。

总的来说，管理团队要做的一个强有力的回顾就是分解NPS的组成部分，从驱动一个愉快的消费者推荐开始，并考虑如何建立一套流程和度量标准，使这些事情每次都发生。这可能会延伸到产品和服务的设计方式，以及企业的招聘和培训政策，也可能改变定价策略、营销信息等。

但这里存在一个危险。对于每个消费者来说，最重要的第一次问候就是一个很好的例子。简单的命令员工在每一次消费者经过的时候都说一些提前组织好的句子不会帮你赢得市场份额。这些短句很快就会成为陈词滥调，让员工感到厌烦，消费者也会听出你的员工明显懒得说它。

当消费者谈论打招呼的力量时，我们知道他们真正的意思是什么。那就是他们需要的不是特定的句子，而是来自那些乐于见到他们并愿意帮助他们的人的温暖而积极的问候。

业务调整计划旨在提供真实有效的消费者问候，它将是一个巨大的、极耗精力的挑战，因为我们并不寻求一个放之四海而皆准的答案。

> 我们希望确保我们的一线员工有足够的兴趣、动力和指导来向消费者传递一个好的问候，并确保他们理解这样做的战略意义。

将任务隐含到一个简单的脚本中永远无法实现这个任务。只有在整个业务范围内进行深入的讨论，并对员工管理制度进行一系列有意义的调整，才能做到这一点。

但这一切都是值得的。如果你足够幸运，每天都有真实的员工耐心地跟消费者交流，不像那些可怜的电商只能看到点击量，并且你能足够熟练地把那些与消费者的交流转化成强化品牌的时刻，那么，你就会发现一个与廉价品牌竞争的武器。

☑ 从NPS到其他重要的KPI

NPS和与此相关的消费者体验度量指标是指导你业务的重要KPI，因为它们是面向消费者的。还有一些其他的方向我们也应该面对，因此我聚焦整个组织，汇集了一套全面的KPI。

我们之前已经讨论过面向竞争对手的KPI。正如我在第一部分中所说的那样，对市场份额的清晰把握是一个极好的方式，它能够让你的团队去关注在竞争中是赢还是输。

然而，关于对市场份额KPI的使用，有一些重要的事情要做对：

- **寻找任何关于市场份额的信息都是需要技巧的。**我见过拥有令人难以置信的市场份额数据的零售企业，它们会逐店、逐日地分析商业街上发生的事情。然而，在很多其他行业，几乎没有任何有用的共享信息。但市场份额的力量是如此之大，因此很值得深入思考如何获取一些数据，有时甚至可以通过行业协会或其他机构，或者采取跨行业的方法收集数据。

- **数据的频率和颗粒度与它的价值有很大不同。**全国范围内的季度评估很有趣，但它永远只是一个向后看的数据，而每周的数据是交易周期的一个重要组成部分，它会影响促销决策并提供有价值的关于竞争对手的情报。

- **无论对外关注和行动导向的市场份额是多少，都只是你整体销售业绩的一部分。**另一个重要部分是你的市场份额本身的增长率或下滑率。在整体市场下滑的情况下，不要对市场份额的强劲表现得意。市场最终会赢，现在是时候考虑重新定位或以其他方式重塑你的市场，让你在一个更有吸引力的池塘里钓鱼。

☑ 小结

这对KPI——NPS和市场份额，代表了一种面向外部的度量方法的强大组合，可以帮助零售企业面对其消费者和竞争对手。我的经验是，在消费者业务中引入它们，或者提升它们的重要性，可以产生变革性影响。

我们还需要许多其他KPI来运营我们的业务，比如财务绩效、库存水平、销售情况、实体店级别绩效和策略遵从性。但我敢打赌这些你已经做了很多。大量零售企业设法计算每周和每月的交易包，其中有很多涉及产品周转、实际时间与时间预算比和平均市场篮子大小的数据，但是它们完全没有考虑消费者对企业的感觉或竞争对手的想法。

在新常态下，旧的交易包无法帮我们达到目的，而我们在这里讨论的新的外向型KPI是至关重要的。但它们只有在成为更大的变革计划的第一步时才会有所帮助。正如我们在NPS上看到的，重点不是强迫实体店中的每个员工都向消费者打招呼，而是设计一个组织，里面充满了想跟消费者打招呼的员工。这意味着，下一步将我们的新常态策略付诸行动的是员工，你需要确保他们拥有在新常态下生存的知识和技能，并积极参与策略的共创，使其发挥作用。

这就是我们接下来要做的，我们将从接受挑战开始。

09

第九章

培养你的数字技能

想象这样一个场景：一群商业领袖聚在一起讨论当今的战略和政治问题，这场讨论可能是由猎头企业或咨询企业主办的。坐在桌子旁边的某人提到了当天早些时候的一条新闻。"哦"，你说，"我从来不看新闻"。这听起来难以置信，对吗？

如果讨论的是某个项目的投资回报，情况又会如何呢？"事实上"，你说，"我不会做那样的总结"。这听起来是不是也不太好？

但是，这样说是可以接受的："我不玩社交媒体。""我不了解互联网的运行机制。"然而再过几年，承认自己对数字技术的无知可能会像在今天承认自己是文盲或"数学盲"一样令人尴尬（且会限制职业发展），这是有充分理由的。

> 在新常态下，更好地理解技术是如何变化和发展的，同时充分理解这对消费者的生活意味着什么，对企业高管来说是一个越来越重要的工具。

想想看，如果我们没有数字化素养，我们会错过什么：

- 我们将决定投资网站和其他数字产品，却不理解我们投资的到底是什么，因此在选择不同的策略时没有支撑。

- 我们没有对消费者如何形成品牌认知和他们为什么会推荐品牌有一个好的、直观的了解，就做了品牌和营销的决策，随之而来的危险是，我们将继续投资昂贵的电视广告，长此以往，最终失去与消费者的联系。

- 我们无法将我们的线上线下业务以对消费者至关重要的方式联系起来，也无法真正脱颖而出。

- 当潮流和新兴技术出现时，我们将错过它们，随之而来的危险是，我们将不加思索地随波逐流，而没有适当地了解我们正在进入的领域。

- 我们将错过与消费者沟通的绝佳渠道，也错过了解他们如何看待和使用品牌的窗口。

不要认为这些听起来像是遥远的或纯理论上的问题，不要被愚弄。所有这些事情都正在发生，而且会在新常态中一直持续下去。

☑ 蒙眼投资

以技术投资为例。高管和董事会在选择技术投资时面临的挑战是，一种奇怪的组织状况已经出现，尤其是在传统企业中。当然，团队会得到首席技术官或其他技术领导者的建议，而他们也会得到来自项目经理、业务分析师和技术策略专家的建议。

　　然而，奇怪的是，这些高级技术人员中有许多人本身在新的数字技术方面几乎没有经验。他们可能熟悉项目管理，具备优秀的流程管理技能，但缺乏前沿技术知识。或者，他们可能是技术专家，但他们在你的传统金融和运营系统中应用了他们的技能和专业知识，而不是网络世界。

　　这种组织状况的结果是，在最终决策者和第一批真正了解各种技术选择的人之间往往有许多管理层。更糟糕的是，通常情况下，真正了解正在讨论的技术的第一批人来自供应商或咨询企业，而这些人的利益可能与你的利益不一致。

　　这种专业差距的后果可能造成一出黑色喜剧。我记得一个例子，一个企业的领导想要改变一个网页，如果你知道编写网页所用的HTML语言，你就会知道它只需要在代码上加一些字符（如#），这是常有的事。然而各种好心的业务和技术层的员工不明情况，把一个工作要求变成功能需求文件，并且完成了所有其他的管理步骤，这不仅浪费了几周的时间，而且要求的改变也造成了上万美元的成本，花了6个月的传达时间。

　　同样的后果也可能导致非常严重的关键业务问题。在过去5年里，许多业内人士被说服，相信把不良网站升级成好网站的正确方法就是建立一个大型的、专有的、网络销售平台，这个项目由全球技术企业提供支持、由层层专业顾问实施。几乎可预料的后果是一个花费数百万美元、历时数年的变革项目，最终提供了一系列规模更小、更灵活的竞争对手已经迭代的功能。在很多案例中，这种臃肿的网络项目的消耗是零售业务最终失败的部分原因。

　　在企业运营的其他方面，同等重要的策略决策不太可能出现如此严重的错误，如果同一家零售企业要评估在哪里开设新店，或者决定新店的装修设计，或者决定新的仓库系统和流程，那么，围坐在桌旁的管理团队会在错误发生之前就发现它。

参与决策的专家通常具有更直接的个人专业知识，团队的其他成员在评估选项时可以利用经验和直觉来指导他们。然而，在做有关数字技术的决策时，这些本能被大肆忽略了。

☑ 流行词的成功

不仅在资本投资决策中，这种经验差距会伤害我们。如果你以传统的方式发布电视和电影，但想要触及25岁以下的目标观众，你如何做出媒体购买或营销决策呢？如果你通过经常使用的销售渠道分发产品，那么如何发现具有挑战性的新趋势呢？有多少超市企业的高管花大量时间逛他们自己和竞争对手的超市，以至于他们没有发现小型折扣店的出现，直到为时已晚？在董事会议上，有多少时间被大家浪费在诸如"大数据""市场细分""多渠道"这样的时髦词汇上，却对这些词汇的真正含义一无所知？

现在很容易事后诸葛亮地嘲笑20世纪90年代末的企业热衷于在他们的名字后面添加".com"使名字听起来更时尚的行为（尽管很多人忘记了这样可笑的策略实际上在很长一段时间内都有用）。但是看看关于最新技术趋势的新闻，你会看到同样的事情发生——时髦术语被那些根本不懂它的人用来试图激发或欺骗那些更一无所知的人。

看看这些头条新闻：

- 我们应用最新的人工智能技术为消费者提供服务。

- 我们率先利用区块链技术来革新我们的物流生态系统。

- 我们引入了黑客马拉松来加速我们的创新。

你知道上面的几句话是什么意思吗？当然不知道。我是编造出来的，还是从领英上偷来的？我打赌你看不出来。

所有这些技术术语都蕴含着新常态下真正变革的种子，这种变革可能会彻底改变我们的业务，也可能会让新入局者摧毁它。真正的挑战在于在正确的时间做出正确的投资决策。

> 作为商业领袖，我们有责任确保我们的技能（及团队成员的技能）能够完成摆在我们面前的任务。

在新常态下，一些技能需要扩展。我们需要运用所有我们一直以来拥有的专业知识。正如你所看到的，它通常是历史技能的集合，可以用来区分我们的业务与闪亮登场的网络上的新入局者。我们也需要至少对新常态下的语言、技术和行为有足够的了解，以便能够就投资哪些领域和如何赢得竞争做出明智的决定。

作为一个起点，有一组问题需要你和你的管理团队思考：

- 你知道一个网站是如何运作的吗？

- 你知道你的企业需要收集哪些消费者数据、如何存储这些数据以及如何进行数据查询吗？或者，你可以对数据提出什么样的问题？

- 你曾经看过你网站的谷歌分析（或其他分析工具）页面吗？如果你看过，你清楚你在看什么吗？

- 你在Snapchat或Whats App上发过消息或在Instagram上发布过照片吗？另外，你知道品牌如何通过这些社交媒体渠道做广告并与消费者联系吗？

- 你的社交媒体渠道的KPI是什么？你在上面投资了多少？

- 你如何跟踪消费者使用你的渠道的方式？零售企业通常会知道实体店和网店里的销售情况，但往往不知道有多少实体店内的销售是从网站上的调研开始的，反之亦然。你的渠道如何与你的消费者相互联系？

- 你对网络安全和数据保护问题有多熟悉？这些问题对你的业务意味着什么？

- 你知道人工智能可以为你的企业做些什么吗？

对于一个非技术型的商业领袖来说，这些问题似乎都是技术性很强的问题。但是，请考虑与更传统的业务学习的比较。一个好的商业领袖应该在他企业的仓库里工作过。他会把时间花在了解相关的实体店、餐厅或其他零售企业上，了解如何在这些地方使用收银台，参与轮班工作以确保员工与消费者进行了沟通，并且站在消费者的角度体验业务流程。

这些经验将转化为知识，在商业决策中直接起作用。当改变业务流程或启动新流程时，当评估新产品线或撤销旧的产品线时，优秀的商业领袖会充分利用自己的经验，以及所呈现的数据。

然而，在调整业务以应对新常态的过程中，我们面临的许多决定都要求我们在全新的领域具有同等的前端经验。如果没有同等的前端经验，那么管理团队必须完全依赖他们的技术团队或（更糟的是）服务供应商的建议。

我曾见过某零售企业的董事会以个人经验为基础，分析一个新开的网点，并对附近网点的销售业绩有深入细致的了解。但我也看到过，同一个零售企业的董事会在数字技术领域投入巨资，却没有采用同样严格的标准，只因为"技术部门是这么说的"。这种在决策的深度和细节上的差异不会带来好的结果。

☑ 供学习的行动计划

如果你在某些方面有不足，你能做些什么呢？是时候进行最有利可图的数字化投资了，花点时间学习一下这些网上竞争对手已经熟知的技能。这里有7个数字化技能学习目标，如图9.1所示，它们可以改变一个组织：

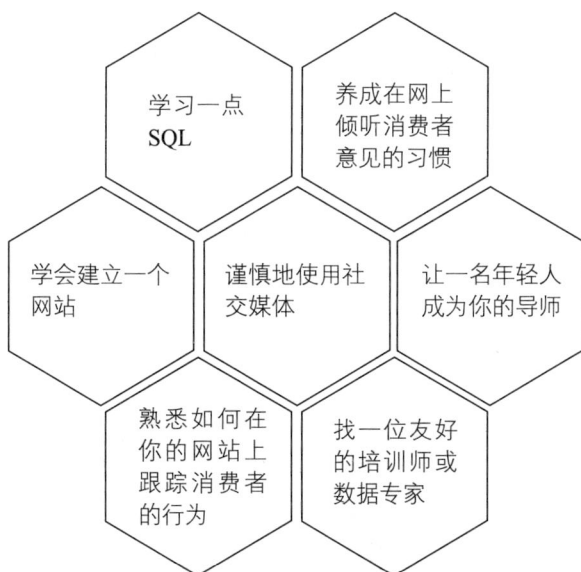

图9.1 7个数字化学习目标

- 学会建立一个网站。是的，这听起来是一个可怕的目标，但在大多数主要城市都有数字化培训机构，它们可以教你和你的管理团队关于HTML语言的基础知识，并让你在一天左右的时间内学会创建一个简单的、平面的网络页面。虽然这不会让你获得编程的第二职业，但它会改变你对数字化项目的认知，让你更深入地了解哪些任务是容易的，哪些是困难的。

- 学习一点结构化查询语言（Structured Query Language，SQL）。将你的消费者数据存储在数据库中，并使用SQL向该数据库提问。只需花费相对较少的时间，你就可以让数据库团队向你展示数据库中存储了哪些数据，以及他们如何通过查询数据库来发现最近没有购买过产品的消费者，提醒你可能需要针对这些消费者采取一些营销方面的措施。同样，这并不会让你成为一名数据库工程师，但它会引发一场有趣的讨论——你可以收集哪些关于消费者和交易的额外数据，以及这些额外数据可以让你做什么。

- 谨慎地使用社交媒体。现在你可能有一个推特账号和一个脸书主页，但你真的在使用它们吗？无论如何，找出你的消费者使用的其他社交媒体，并确保你也熟悉它们。这些社交媒体上有广告吗？有没有可能在上面无意中看到有关你的品牌的讨论？这是一种让你的管理团队更容易接近消费者的可行方法。

- 养成在网上倾听消费者意见的习惯。善于在社交媒体和其他地方搜索关于你的业务的讨论，努力倾听积极的和消极的意见，至少有一个在新常态下利用每一个消费者的意见改进业务的机会。如果你听不到他们的声音，就更不可能做到了。

- 让一名年轻人成为你的导师。一家成功的英国企业会在它的实体店和仓库里挑选出聪明的年轻人，让他们成为每名高管的社交媒体导师，他们在数字世界有天生的权威，可以和高管们进行讨论。

- 熟悉如何在你的网站上跟踪消费者的行为。如果你的企业使用的是谷歌分析，就让别人帮你分析一下，然后亲自登录查看分析结果。当然，在你的业务中可能已经存在某种综合报告，但是实时查看消费者实际搜索和浏览的情况，能够获得非常丰富的信息，就像你站在实体店中观察消费者如何选购商品那样。

- 找一位友好的培训师或数据专家，让他们用两小时向你介绍什么是机器学习，现代技术如何从数据中提取意义，以及这些技术可能带来的各种商业挑战。

☑ 回归"数字层"

大多数零售和酒店企业都有某种"回归基层"计划，坚持要求那些不在实体店内工作的员工每年至少去一次店里，在那里待上一段时间，同时参与轮班工作，真正体验与消费者的互动。它们这样做的原因是显而易见的。处理账户、与供应商打交道或构建信息技术系统的后台团队如果可以很好地理解发生在与消费者打交道的第一线的事情，那么他们的工作肯定会做得更好。如果做得好，这些工作就可以带来变革，后台团队不仅可以了解消费者面临的挑战，还可以基于共同的经验将业务整合在一起。我们在这里强调的数字和数据教育项目实际上也是如此。在新常态下的多渠道世界中，理解这些新话题极大地符合每个人的利益，共同学习这些新话题的过程也具有同样的文化意义。

> 我鼓励你不要只是把数字化作为董事会或管理团队会议的主题，而是要找到正确的方法利用数字化技术提升整体业务。

这样，你不仅在业务的各个层面都将做出更好的、基于数字渠道和消费者数据潜力的决策，而且作为一个额外的好处，你将向你的员工交付有价值的技能和经验。这对提高消费者的参与度和留存度是有好处的。

☑ 问正确的问题

最后一点就是要善于向其他企业学习。这些学习对象包括你所在行业的其他企业，也包括那些在新常态下取得成功的与你不存在竞争关系的企业。你可以通过观察来学习，它们所做的事情正是你希望自己的企业效仿的。

这听起来是一件显而易见的事情，却很少发生，尤其是在大型企业中。我有幸花了很多时间与小型初创数字企业合作，不仅在零售领域，也在其他领域。如果说有一件事能将硅谷或伦敦的肖尔迪奇数字企业的文化与更传统的零售企业相区别的话，那就是它们愿意与彼此分享经验，并相互学习。

在世界各地的企业组织的社交活动和非正式谈话中，初创企业都在共享知识、联系和坚信如果不能一起成功就没人能成功的经验。即便是表面上相互竞争的企业，彼此之间也往往会有良好的关系，并分享成功或失败的投资故事。

这对于你来说可能听起来有点太新了，你可能会对向竞争对手敞开心扉的想法感到恐惧。但从创业文化中可以学到的一些东西是，如果你想知道什么，那就去问。我曾看到有的高管接触相邻行业的企业，询问它们是如何从业务的某个特定部分获得如此好的结果的，甚至看到整个管理团队访问另一家企业，试图体验似乎非常有效的企业文化或决策方法。他们从未失望过，你会惊讶地看到，许多企业会公开与那些似乎对它们感兴趣的人分享它们的观点和经验。

☑ 小结

成功地实施新常态策略的一个基本因素是，我们掌握了一些在新常态下至关重要的知识。

更好的是，公开地、以一种能吸引所有员工的方式做好这件事，这会带来双倍的回报。不仅能让业务状况更好，而且能让员工对新常态策略感到兴奋，并从一开始就参与其中。

这是一个重要的起点，我们后面会讲到。大多数变革计划都失败了。不是因为制订变革计划的人错了，而是因为需要变革的组织拒绝了这个计划，组织成员们会集体耸耸肩，像往常一样继续前进。

现在，我们已经明确了在新常态下我们想要做什么，建立了以消费者为中心的KPI，这些KPI将跟踪我们的进展，并帮助我们适应这一旅程，我们需要面对下一个挑战。我们需要制订一个变革计划，让员工能够真正支持并实施这个计划，即使这个计划削弱了他们长期持有的许多信念和来之不易的技能。

下一个挑战是让一切运转起来。

10

第十章

盘活一切资源

当灯光熄灭时，房间里会传来明显的嗡嗡声。

作为一个年轻人，我在管理咨询部门任职的时间很短，我曾花了几年时间在一家大型国际技术型企业工作，它的业务遍及多个大洲上的许多国家。经过几年艰难而乏善可陈的经营之后，某次，董事会召开了持续几天的会议，通过了一份有关新策略的声明。

由于该企业在全球各地的业务类别略有不同，这个新策略就是为了整合不同的业务类别，发挥整体价值，创造1加1大于2的效果，并且部署未来业务发展行动。

数百名员工聚集在总部附近的一个大厅里，就在这里，我们将揭开新策略的面纱。

当时我还是一个新手，我花费了比一般人多好几倍的时间，才弄清楚为什么当时我在大厅里感受到的并不是对新策略的期待。大厅里的气氛远非"我想知道未来对我有什么意义"，而是"我迫不及待地想看看这些白痴带来了什么"。

仿佛提前统一了思想，这个大企业的中层管理者们倚靠在座位上，双手抱胸，在第一个发言者还没开口之前就拒绝了这一策略。

更糟的是，中层管理者们是正确的。该策略与眼下的问题相去甚远，相反，它曲折地论证了经营状况之所以是现在这样的理由。它没有指导我们的未来，只是试图合理化我们的过去。

☑ 正确制定策略

那天下午开完会后，我得出两点教训，它们都与我们重塑零售业务的旅程有关。

第一，我们的业务策略应该是有益的，它应该能够弥补我们的弱势，发挥我们的优势，制订明智地稳固市场地位的计划，让我们在良好的消费者关系中获得回报。它应该能够防御我们的竞争对手，并为股东和员工的稳定性和成长机会提供保障。

第二，如果你认为策略的目的显而易见，无须赘述，那么你会惊讶于我在演讲中听到了多少无用的垃圾信息。

但是，你应该从我们在此处介绍的主题中获得一些用于制定策略的思路。了解消费者的需求在新常态下发生了哪些变化，如何既可以利用自己的传统优势，又可以通过不同的方式开展业务来提升盈利能力，这是制定策略的绝佳起点。

☑ 挑战你的策略的5个问题

到现在为止，如果你还没开始计划，那么你肯定希望和管理团队合作，将这些想法总结为清晰的报告，详细说明即将建立的业务类型和优先考虑的事项。

在开始执行前，你不妨以下面5个问题挑战自己的策略，完善策略报告，以免像上面的发言者一样尴尬：

- 该策略是否立足于当下业务的群众基础？别忘了，一厢情愿地在组织里传达脱离现实的想法是十分危险的。策略必须得到员工的认可，拥有群众基础，因为变革是从他们开始的。

- 策略表述是否清晰直白？如果你要用复杂的词语来表达"用增值创新来划分市场机会"的愿望，不仅会失去听众，可能还会失去成功的基石——清晰的中心思想。如果你无法向聪明的学龄儿童或年长的亲戚解释自己的策略，就说明你的报告不够清晰直白。

- 你知道事情的优先级吗？尝试同时做所有事情，你将收效甚微，只有将组织的工作重点放在少量且可控的变化上，才会有所建树。为了论证策略的合理性，你可以经常问自己："这项事务是否符合我们的策略，有什么是我们不应该做的？"这个方法有着惊人的高效率，能让你集中精力解决首要问题。

- 如果你打算做新的事情（并且希望采用新的策略），你是否清楚自己将如何做？你需要新的技能或技术吗？你将采用何种方法使用新技术？是直接招人，还是合作或选择收购其他企业？

- 在你的策略报告里，对竞争对手做的假设是否是理性的？如果你的5年计划忽略了新常态的事实，做出了"亚马逊不会在价格上压低你"的假设，那么这更像是一个童话，而不是策略。

如果你可以肯定地回答这些问题，你的策略核心就极有可能得到员工和利益相关者的认可。

但是从我年轻时的策略演示经验来看，下一步才是布满荆棘，困难重重的。

> 比起制定策略，让整个组织接受你的策略，才是真正困难的关卡。

有很多原因使你难以在组织内部推行你的策略：

- 第一，你的员工可能不会与你在变革的紧迫性上达成共识。对于许多零售企业来说，这是一个特别的挑战，企业中的许多管理者已经在中高层管理岗位上多年。他们曾经历过经济衰退，见证了企业的各种起伏。对于他们来说，与其接受某个重要且永久的东西创造了新常态，不如简单地认为一切都会自我修复，世界将回到原定的状态。这是一种完全可以理解的观点，但这个观点本身很危险，因为如果我们允许自己这样思考，那么我们就会给自己找借口，这通常是大多数人的首选做法。

- 第二，对于组织中的许多人来说，策略变革也是重大的个人挑战。正如我们之前所看到的，已经花费了数年积累的技能和经验突然变得不那么有价值了。与此同时，新常态要求新知识和新技能，当你组织中的许多中高层管理者进入较为舒适的生活阶段时，他们将不再乐于学习新事物。这种个人挑战很少是有意识的。多数人并不是那么愤世嫉俗，他们想为自己的组织做正确的事，但是尽管如此，他们在面对挑战时也很难取得突破。因此，让年轻的一线员工对变革感到兴奋比让中高层管理者产生相同的感受更容易。

- 你的员工迟迟无法接受策略变革的第三个原因，可能是之前的糟糕体验。让我们面对现实吧，大多数策略演示都是模糊和冗长的垃圾。从这个意义上说，大多数员工会在最初持怀疑态度也就不足为奇了。毕竟，这已经不是他们第一次参加"牛仔竞技会"了。

- 你的员工可能对策略变革持怀疑态度的第四个原因，可能是怀疑我们到底如何解决此问题并获得真正的支持。如果他们不是制定新策略的核心成员之一，他们可能会认为新策略完全不合理，因为他们觉得自己被剥夺了产出的权利。事实上，在一家刚刚制订并启动了一项新策略计划的企业，你通常可以通过观察肢体语言来判断谁参加了制订它的会议——哪些人在房间就能让你感受到他的兴奋、热情和认同，而哪些人没有。

因此，我们的挑战不仅在于提出应对新常态和确保业务未来的伟大策略，还在于确保数百（甚至数千）名员工将这一策略视为自己的策略，与我们一样认同它是关键任务，并且成为推动业务变革的一份子。

这真的很困难。大多数策略，无论被多么巧妙和清晰地表达出来，都无法成为组织的指导性任务。零售企业在实现这一目标方面面临着最艰巨的挑战。它们的业务模式由来已久，但在新常态下面临巨大挑战，它们的中层管理者通常任期很长，缺乏新的市场渠道经验，而其一线团队分散在世界各地，因此也难以互动、沟通。

听上去有点可怕，不是吗？但是，这是重塑零售业务的基本挑战——找到一种方法，把一个新策略变成一个组织的生存方式。

☑ 坚持新策略的4条战术

在此基础上，为了最大限度地增加成功的机会，你和你的管理团队可以根据多年来对不同策略的观察，运用如下4条战术：

- 动员员工一起制定策略。

- 授予组织做出变革的权利。

- 把事情简单化。

- 庆祝成果。

让我们逐一分析每条战术。

☑ 动员员工一起制定策略

如果真正参与制定新策略的人会成为最热情的拥护者，那么你肯定希望有尽可能多的人参与该过程。

我看过两个极端的案例。

一个案例是这样的：在制定新策略的过程中，我们有从各个业务部门抽调人手组建了跨职能团队，让他们参加研讨会，在会上列出消费者的行为和竞争对手的现实情况。然后我们开始讨论并考虑优先级事项，以解决所有问题。

尽管优先级事项和新策略摘要最终由一个较小的核心团队编辑总结，但是这个渐进的工作过程将员工聚集在了一起，所得出的结论建立在整个组织的意见基础上，是被大家认可的。这个过程被认为是理所当然的，结论毫无意外地在组织内达成了共识。

而在另一种案例中，我看到一家企业的新董事兼总经理在参加他的第一次董事会议时，提出了一份策略草案，该草案大概是他在赶火车的途中匆忙完成的。

令我惊讶的是，单就策略的理论水平来说，这两个策略之间并没有太大的区别。第二个案例中的总经理并不是一个新手，他十分了解企业面临的挑战，并且在阐明未来要用三管齐下的方法时说得很好。第一个案例中更长久、更具包容性的讨论过程产生了类似的结论。

但是，组织的反应是截然不同的。这个带着单页报告的总经理决定了整个过程，不在乎在场成员的反应。试想一下，如果你不在乎他们的想法，为什么让这群人坐在这里呢？况且，如果你的策略连董事会的热情支持都没有，就根本没有机会开展更广泛、深入的组织合作。

当然，更具包容性的过程也有其缺点。要花更多的时间和财力让更多人参与进来，而CEO不可避免地要面对一个悖论：如果这个过程产生了我不喜欢的结论，那么我就麻烦了，而如果它只产生了我喜欢的结论，那么我为什么要浪费时间呢？

但现实是，设计一个这样的由跨职能团队参与的策略制定过程，带来的好处远远超过了其成本：

- 你可以通过精心设计流程和投入时间与高管对话来指导这个过程。

- 相反，汲取经验的路上总会伴有危险。让董事会的成员聚集在一个房间里共同探讨策略，可以确保消费者和供应商都能接受这样一个方案。

- 有包容性的过程可以极大地帮助避免策略中出现流行语和废话。

- 通过将总部的中层管理者以及实体店和分销中心的员工召集在一起，你可以避免某些风险，即高级员工拒绝变革。真实的消费者反馈很有说服力。

- 通过这个过程，可以产生坚定的拥护者。这些拥护者在组织中发挥着举足轻重的作用，他们都是被仔细挑选出的在业务领域内深受员工尊敬的人。因此这个过程可以为你提供最好的机会，以便日后获得广泛的支持。

- 以这种方式制定策略对企业文化大有裨益。在这个过程中，你和你的管理团队被认为扮演着参与者和倾听者的角色，你围绕着你的企业建立了一个临时社区，否则一些管理者和员工可能永远不会面对面交流。一个合适的策略研讨会应该是有趣而鼓舞人心的。对于你的员工来说，在这上面花费时间不是一个坏方法。

当然你几乎不会用一张白纸开始这样的过程，我认为这种说法大致准确。就像案例二中的那位总经理一样，你通常在开始之前就对业务的走向有一个清晰的判断。我希望这本书对这一过程有所帮助。

在开始之前，请注意并准备好一个流程，仔细设计该流程以确保讨论主题能被重现，基于上述原因，你在共创的过程中投入的时间是值得的。是的，你需要留出一个月左右的时间来完成该过程，但是如果有了员工的认可和支持，策略在组织中的交付速度将比那些没有群众基础的组织快得多，你前期投入的时间将获得丰厚的回报。

最终，这种共创的过程，将会直接带来NPS的提高与季度市场份额的增长。

☑ 授予组织做出变革的权利

曾与我合作过的某家企业，特别不愿意尝试任何新事物。这家企业历史非常悠久，有很多年我们都称之为"指挥与控制领导"。换句话说，这家企业中的每个人都习惯于被分配工作，当他们做不相关的事情时会被人大声纠正，告知错误。

我试图改变这家企业的商业策略，扭转它不断下降的市场份额。但是每当我提出某些建议时，我都会得到相同的答案："我们之前曾尝试过，它不适合我们的行业。"

过了一段时间，我才停止这种面对面的交谈，开始思考背后的组织心理。该组织不想冒险，因此希望避免尝试任何新的或令人恐惧的事情。当事情没有朝着制定好的策略方向发展时，业务人员会将此归结于领导层的经验不足。

现在的问题是，当我提出一个特定的定价策略或让社交媒体参与的想法时，我只不过从理论层面出发，预感它将起作用。如果策略执行得很棒，我们会赚上一大笔钱。如果没有，就要吸取教训，继续尝试其他方案。我并不想吸引任何人的关注，或者让别人出洋相，但我确实需要组织拥抱尝试新事物的想法，否则我们永远都不会改变结果。

偶然的一次机会，我发现了推动这个组织尝试新事物的方法。我开始谈论"测试与学习"的策略。许多伟大的创新企业都会尝试很多事情，无论结果如何，它们认为失败的教训和成功的经验同样具有重要价值，因为两者都有助于提高企业的专业水平。

很快，我开始听到别人在会议上使用这个短语，它很快成为不同部门会议中的流行语。然后，在"测试与学习"的保护下，他们开始尝试一些事情，并做一些工作总结。突然之间，我不再听到太多关于他们过去怎么样之类的讨论，取而代之的是，他们实践所得的经验和他们学到的心得成了商业会议的主题。

"测试与学习"这个短语没有什么奇怪的魔力，只有当该企业在某个时刻改变了思维方式时，这个短语才会发挥作用。通过将失败的教训视为学习机会，他们消除了对尝试新事物的恐惧，最终，该企业还产生了很多不俗的创意，其中一些比我一开始试图提出的更好。

这样的"神奇短语"可能在你的企业会以不同的方式出现，但首要的挑战是相同的。

> 如果你对尝试新事物感到恐惧，请尝试克服它。

你的团队成员可能会担心自己在尝试新事物时看起来很傻，或者担心损害他们的职业生涯，或者害怕让你失望。无论出于什么原因，只要你的策略要求企业尝试无数种新思想和新战术，你就应尝试创造一个勇于接纳新事物的环境。

授予组织这样的实践权限还有一个隐患。在上一章中，我们讨论了如何通过鼓励员工为应对新常态开发新技能，实现资源的配置。通常，自我发展道路上的障碍与尝试新策略的障碍会有些趋同。没有人愿意看起来很蠢，也没有人愿意被告知自己还没有跟上组织的步伐，因此要让员工（尤其是老员工）学习新事物，其难度可能远超你的预期。

给你的员工和整个组织营造一种欢迎创新和赞扬创造力的氛围，这可以最大程度释放员工主动学习和自我投资的动力，从而反过来推动组织内部的发明创新。

☑ 把事情简单化

我们发现NPS的关键驱动因素通常是非常直接的。以饱满的热情和优雅的姿态迎接消费者进入整洁有序的实体店、电影院的洗手间保洁工作做得好，这些都可以是运营执行的主要方式，比起根据不同消费者群体制定不同的致消费者电子邮件模版，前者的作用才最直接。

正如我们在规则四中探讨的那样，与消费者寒暄的力量比最初看起来要微妙得多。重要的不是打招呼（否则，那些机械刻板的问候话术可能就真起作用了），而是打招呼的内容本身。实体店员工在消费者周围伺候，随时可以处理他们可能遇到的任何问题、投诉或其他需求。以这种方式与消费者互动，给他们宾至如归的感觉，这不失为一种开始建立良好的消费者关系的好方法。

因此，消费者参与策略，这样一个相当复杂的问题可以简单归结为"打招呼"。同样，策略的其他方面也可以简化为其他小标题，例如：

- 线上和线下无差别体验。

- 因时因地决定每笔交易的价格。

- 与消费者的每次互动都是维护关系的一部分。

- 及时解决投诉。

- 时刻露出微笑。

说起来简单，但做到这些可能意味着需要影响深远的策略，它要对企业的业务运作和人力资源规则等都有影响。

用简单直白且可读性强的陈述来总结策略的一些方面，才是真正的力量，因为通俗的消息在人们中间的传播更高效。在新的或突发情况下，当人们需要解决问题时，它们还可以作为有价值的护身符。如果该策略的首要目标是"建立消费者关系"，那么弄清楚如何处理投诉或者货物丢失等问题就变得很简单。

当然，这样做也有风险。

对于企业，尤其是多站点的零售企业来说，"新策略"从字面上看就令人不安。

"向消费者打招呼"的例子很好地说明了这一点。我敢肯定你能想象到，某些企业在接受这类想法后，将寒暄设计成毫无灵魂的固定脚本，让员工以一种标准化的方式执行，并通过一个神秘的购物计划衡量员工是否执行了这个标准化流程。

即使你的企业不会做这么简单的事情，你也需要注意，那种"生搬硬套"的方法不要在一个地区甚至在个别实体店中出现。

但是，一个可以用简单短语总结的策略终归是有效的。你可以在传达策略上稍加努力，使那些短语变得生动起来，并通过故事来集中展示该短语的微妙之处和潜在含义，从而确保你的组织完全有能力将策略付诸实践。

☑ 庆祝成果

为了让策略落地，我的第四条战术听起来像老生常谈，但很少有企业能做好。当你开始看到围绕业务的策略打响了第一枪时，你可以通过观察加强变革措施，然后对员工有所表彰。

首先，你应该正面表扬所有正在执行的策略。你可以分享一封来自消费者认可服务的表扬信，或者宣布某贸易杂志关注了你的企业近期实施的更为完善的定价策略这一喜讯。

当然，其次也要表扬该策略的结果。市场份额上升、回头客增加、销售业绩增长、NPS提高，这些都是你可以用来在组织中建立业务信心，激发员工动力的东西。

不要低估这种沟通需要发生的频率。

如果一个组织正经历着重大的策略变革，那么在合理范围内，至少需要每周进行一次汇报，展示关于阶段动态和成果的积极信息十分有必要，你需要借助各种传播媒介来实现这一目标。

我见过有的企业会使用电子邮件和时事通讯，也见过有的企业高管将短视频消息群发到员工的台式电脑或移动设备上。

除了发生的频率外，这种沟通的另一个关键因素是真实性。我曾经为一位有趣的CEO工作，他拍板了一项重大而艰难的变革计划，亲自给所有员工写了一封"本周发生了什么"的电子邮件。即使在发布强硬的信息时，他也很真诚，而且影响力非凡。即便是守旧派和愤世嫉俗的员工也会承认，他们知晓发生了什么事以及背后的原因，尊重企业领导层以这种方式进行沟通。

不过，他的继任者并没有做得像他那样好。他不想每周都写一封这样的电子邮件，但是他任职之后还是要遵从先例。所以，他将这项工作委托给了公关部门，公关部门发了一封呆板的电子邮件，在邮件中列出了本周所有新注册的企业消费者。这对鼓舞士气和树立CEO的威信没有任何好处。

☑ 小结

如果你认为制定应对新常态的策略就已经很棘手了，那就更不用说将其推广到整个组织了。

你不妨花时间再做思考。利用我们此节介绍的方法，帮助你的策略在组织中落地，最大限度将重塑组织的想法转变为现实的力量。

不要高兴得太早，现实总是不尽如人意的，即使你做到了上述所有事情，也可能只赢得了一部分。在重塑零售业务的现实世界中，你还需要说服一些人，包括那些讨厌的股东。这就是我们接下来要集中注意力去做的事情。

11

第十一章

让团队追随你

有些附属细则也是值得一读的，甚至还会很有帮助。

当你成为一家企业的董事时，企业法就是一条对你来说非常重要的细则，其中规定了你的责任和义务。在英国，有《英国2006年公司法》，而在美国和其他地区，也有类似的框架。

当我第一次担任董事时，我很幸运能有一个人花时间帮我梳理我所须承担的义务。我很高兴他愿意和我讨论，这让我学到不少新知识。

我对业务有足够了解，这是可以肯定的，董事的职责是为股东带来最大化的业务价值，对吗？错，英国以及美国许多州的法律都明确规定，企业董事不仅限于对股东负责，还要对广泛的利益相关者负责。

这一利益相关者群体很少被精确地定义，但是可以被认为包括以下几类人：

- 企业的员工和前员工。

- 你的消费者。

- 你的供应商、其他业务伙伴和债权人。

- 企业运营所在的社区和平台方。

- 政府、监管机构和其他公共机构。

- 你的股东、投资方和其他财务利益相关者。

这是一份可公开解释和讨论，甚至能接受法律质疑的清单。美国有一个著名案例，发生在1919年，福特汽车的股东们起诉了亨利·福特，因为他大胆地说出了他希望企业发展的成果能惠及消费者、员工和股东。

对于零售企业来说，利益相关者清单尤为重要。有些人只将其视为常规年度报告上一组可供引用来满足法律要求的词组模板，这真是一个严重的错误。

为什么利益相关者清单对我们如此重要？

> 利益相关者之所以重要，是因为任何人都可能阻碍我们实施新常态策略，只有获得利益相关者的广泛支持和合作意愿才能真正使新策略立足。

☑ 建立一个促进变革的联盟

这是重塑我们的业务，制定和实施策略的最后挑战。我们已经制订了计划，并在业务领域组建了一支积极进取的团队，他们被授权做出改变。我们很清楚自己需要做什么，以及如何充分利用我们的历史优势；我们已经建立了核心KPI，这些KPI可以帮我们跟踪进度、反馈变革成果和加速进展。

但是，就像很难让周围的员工清楚变革业务的必要性并适应这个过程一样，让其他利益相关者参与进来也是很难的，并且通常出于类似的原因。

变革策略的挑战，会对不同的利益相关者在业务中获得的财务利益产生直接影响，这些影响包括：

- 如果我们的变革意味着减少经营的实体店数量，对投资实体店的人来说，会产生明显的影响，更会直接影响实体店的员工。这些变革也会引起房东的注意，他们将失去租户，地方当局或商业中心管理者会担心这一空白对其他零售企业造成影响，也可能波及光顾这家实体店多年的消费者。

- 如果我们正在改变与消费者开展业务的方式（例如，转向在线销售或将实体店重新定位为多渠道体验的一部分），那么将明显影响我们的许多员工，还将涉及工会、行业协会、供应商等。

- 改变我们雇用新员工的方式可能会产生连锁反应，吸引当地媒体、议员、受影响地区的政客以及当地社区团体的关注。

☑ 需要注意的其他潜在异议

除了纯粹的财务层面外，还有许多其他原因会使不同的利益相关者群体发现新策略的挑战性，或者难以继续支持新策略。有些是情绪上的，变革可能使许多人感到恐惧。人们可能会担心需要掌握新技能或以新方式工作，习惯的力量总是大于改变的，如果有机会选择，我们大多数人都宁愿以从前习惯的方式做事。

反对的声音总是会有的，无论大小。这可能符合某些利益相关者希望业务回到从前、反对革新或者赢得竞选的需要。有时真正的原因与我们的具体业务并没有多少相关性，他们更多的是从社会或政府的广泛视角考虑。

技术变革就是这方面的例子。利益相关者经常会反对技术变革，因为他们担心其所代表的特定社区或技能组织会被边缘化。随着信息技术的重大变化，许多行业不得不与多个利益相关者群体进行长期斗争，在传统纸媒行业引入数字印刷技术就是一个典型的例子。

工作习惯的改变也会带来同样的困扰。近年来，零工经济和短时合同提供了极大的灵活性，但是对于雇主和员工来说，这种方式的稳定性就要差得多。对于此类雇佣方式的实践，也有需要提升的空间，如何释放这种新式劳动力的灵活性，同时为员工提供尊严和财务安全，是一个有待解决的问题。但是，关于这个问题的政治斗争更多的是在"投石"而不是"问路"，最终往往流于表面，而不是力求找到答案。

☑ 举足轻重的股东

无论利益相关者群体的竞争多激烈、需求差异多大，站在所有利益相关者群体顶端的都是你的股东。他们可能只是利益相关者群体中的一小撮人，但出于人尽皆知的原因，他们仍然是非常重要的利益相关者。

我很荣幸曾经在多家不同类型的企业担任过董事。这些企业包括有着成千上万个股东的上市企业，其对透明度的要求十分严苛，只有通过选举才能产生董事会，以及以私募股权基金或一个或多个个人和家庭为最终所有者的私有企业。

这些企业的业务环境肯定存在差异，但它们也有明显的相似性。总体来说，企业的股东与企业的成功具有最明显、最直接的相关性，对企业的财富直接负责。他们也以另一种方式雇用和解雇业务管理人员，这是我们要注意的另一件事！

那么，我们如何争取这些重要的利益相关者，使他们成为我们新策略的支持者和推动者，而不是批评家和拦路虎？这绝非易事，尤其是当变革可能会付出高昂的、惨痛的代价时，但是在此过程中，下面的4个技巧也许会帮到你。

☑ 利益相关者轮盘

> 我观察到的大多数CEO在推行变革计划时都会犯一个错误，那就是太容易被某个利益相关者群体所迷住，而忽视另一个利益相关者群体。

任何高管拥有的最珍贵的东西都是你们自己的时间。在业务中，总是有太多要做的事情，你们眼下正在处理的事情就是头等大事，这看似合乎逻辑。对于大多数企业领导者来说，与其与非执行董事或当地国会议员共进午餐，还不如同其他业务领导一同谈论合作项目、考察实体店，与供应商沟通或者考虑一项决策。

但是，正如我们所看到的，几乎所有利益相关者群体都有能力帮助或阻碍你重塑业务，因此你需要积极地安排日程，包括与每个人联系，解释你的计划并打消他们的疑虑。

我建议你练习使用利益相关者轮盘，如图11.1所示。第一步，通过考虑你认为对此练习很重要的利益相关者群体来创建自己的利益相关者轮盘。企业与企业之间的差异非常大，工会在某些情况下很重要，在某些情况下则不重要。各个国家或地区之间也会有所不同，在欧洲的许多地区，工会就非常重要，不容忽视。利益相关者轮盘的第一环就是你认为很重要的群体。

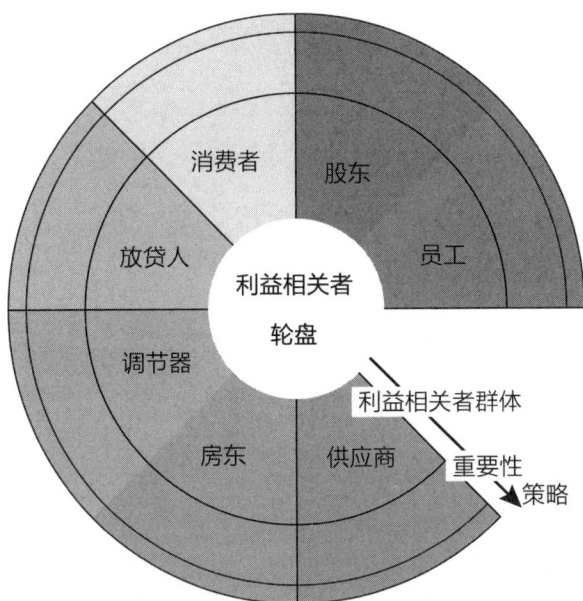

图11.1　利益相关者轮盘

第二环要求你和你的团队考虑，这些群体对摆在你面前的任务有多重要。例如，控制关键计划和财产决策的预算批准，都是头等大事，负责这些事的群体就非常重要，其他人可能会吵闹和发声，但实际上对任务的结果影响不大。

第三环要求你考虑针对每个利益相关者群体的实际策略。现在，听上去可能有点狡猾，因为有些策略本身并不真正适用于这个轮盘，但是为了以正确的方式接近每个群体，值得认真按照这个轮盘执行。对此，你可以考虑以下因素：

- 该利益相关者群体现在对你的业务有何看法？

- 他们认为你提出的新策略中可能有哪些风险或者机会？

- 他们想从你这里听到什么信息，以及他们需要看到什么证据才能相信你的建议是正确的？

- 哪些方面可以进行协商，为确保获得他们的支持，你能在哪些方面做出让步？

- 他们将使用哪些指标来评估你是否取得了进步？

如果愿意，你可以在轮盘的最外部添加一个策略环。从团队的角度出发，考虑谁将代表团队与每个利益相关者群体对接，即使他们需要不时邀请其他人加入。

以这种方式提高利益相关者的参与度可以完成3件重要的事。

首先，它使你与这些利益相关者的交往成为一种有计划的战略性行为，而不是随机的或偶然的行为。无论你在考虑利益相关者群体的排序上遇到什么困难，只要你为开始行动制订了计划，整个过程就会变得更加容易。

其次，借此机会，你还能建立一个管理团队。既然你时间宝贵，不如在整个团队的分工协作中实现人尽其用，为团队持续注入动力。

最后，它使你的策略更加灵活机动。有的团队为了解策略的最新情况，每周都会回顾利益相关者轮盘，确保取得正确的进展。讽刺的是，我在第一次为自己设计出这个轮盘后，做的第一件事就是将它放在抽屉里，几周后我才意识到我好久没有和这些关键的利益相关者群体取得联系，这也确实为我们后面的项目造成了难以预估的现实困难。因此，记住我的教训，不要只是创建这个轮盘，更重要的是真正把它用起来。

☑ 同时考虑"迈向"与"脱离"的影响

与任何谈判一样，要让利益相关者群体参与进来，需要一系列广泛的影响策略。有些群体会想知道其他群体也参与其中。（合理利用公关技巧能帮助你营造一种弥足珍贵的"其他所有人都与我们同在"的氛围。）

但是，影响策略的一大差异是，我注意到团队像被捆住手脚，处在一种介于"迈向"与"脱离"之间的状态。如果你问一个人为什么更换最近一次的工作，你会听到各种因人而异的解释。有些人会立即说出现在这份工作吸引他们的原因，有些人的回答更侧重于离开前岗位的原因。在第一种情况下，这类人是在阐明促使他们迈向新工作的原因，而在第二种情况下，这类人谈论的是为什么从旧工作中脱离出来。

实际上，大多数人会混合使用这两类解释来证明自己的决定是正确的。确实，人们有时很难区分它们。"我之所以辞职，是因为新的岗位将为我提供先进经验"，这听上去很积极，但是仔细听就会发现，这更像是对"我以前的工作没有给我先进经验"的一种伪装。

但是，与利益相关者互动时，无论动机多么复杂，区分"迈向"和"脱离"状态始终是一个有用的过滤器。如果你的董事会从根本上就对变化有所顾虑，担心承担重塑业务的风险。你可能会发现，一旦计划成功了，关于未来发展前景多么广阔的演示就发挥不了多少作用。当然，他们会听，但是他们会觉得这与新策略并无关系。

在这种情况下，可以尝试从朝着某个方向迈进转为脱离这个方向，并开始阐明如果你不做任何改变，业务可能会发生的情况。例如，市场份额被新竞争者侵吞、利润率下降、品牌号召力消失。所有这些可能的结果都是促使利益相关者"脱离"守旧观点的强大动力。

反之亦然，对于某些人来说，"如果我们不改变，就注定要失败"这类说辞毫无用处。你需要根据新策略的实施方向调整说辞，让它们被接受。

因此，要通过认真聆听和观察，确保具有影响力的信息被正确地传播，最大限度地让每个人都参与其中。

☑ 铭记沉没成本谬论

我在前文提到过企业和团队的沉没成本谬论，对于其他利益相关者来说，这是一个更大的危险。当分析师和财经记者将你的故事展示给股东时，股东或许会认为这是一个大威胁。毕竟，是你的股东承担了你现有业务的一切成本。

我们在过去10年里见证了数十起零售行业的失败，如果说这些失败有一个共同点的话，那么答案很可能就是他们否认新事物。他们否认改变的必要性，否认新竞争者可能成为市场领导者，否认消费者的消费习惯正在发生变化，否认在新常态下需要完全不同的经营方式。

这是完全可以理解的。正如我们多次看到的那样，人们基于对事物的了解和他们自己过去在特定的商业环境中茁壮成长的能力，建立了对事业、声誉、收入和地位的认识。随着大环境的变化，以前在个人技能、人脉网络和知识上的投资变得不再那么有价值了，这才是一个可怕的前景。

员工的情感投入和个人投入是如此，我们在这里谈论的利益相关者在你的业务中所做的投资（金融和其他方面）也是如此。

让股东轻松接受我们的策略，这意味着丢弃或注销曾经很重要，但现在已经沉没的资产。最好的心态就是诚实、尊重、务实和创新：

- 诚实。假装痛苦不存在没有意义。试想一下，在你的新策略中，你需要削减实体店或者不再重建渠道和物流平台。这些就是典型的沉没成本，在实施新策略的道路上，机会也好沉没成本也罢，都需要向利益相关者坦诚强调。

- 尊重。从某种意义上说，要承认放弃沉没成本是一件痛苦的事情，但这一点很重要。在我们关闭实体店的例子中，员工就失去了生计。当我们不再重建渠道和物流平台时，有人会围在桌旁讨论如何注销你当下想要替换的系统，甚至可能你自己就是其中一员。避重就轻地谈论新策略的成本没有任何意义，但同时，忽略这一事实会导致尴尬的处境，这两点都无须否认。

- 务实和创新。沉没成本不仅仅是演示文稿中的一行字。可能有一些聪明的方法可以让你重新利用企业的某些历史资产，你还可以将用不到的历史资产出售给任何能高效利用它的人。当然，还会有各种各样的方法来抵消沉没成本。近年来，现金增加值（Cash Value Added，CVA）的概念在英国兴起，伴随着实体店规模的压缩，零售企业与房东成为合伙人的新模式应运而生，其他方面的新模式也会出现。

我们已经意识到，在重塑零售业务的路上，我们需要清楚地了解哪些历史资产会助我们一臂之力。同样，还需要清楚地了解业务的哪些部分无法提供帮助。对于利益相关者来说，这始终是他们最难以接受的关键信息，但也是你必须跨越的关卡。

☑ 创造动力

你的利益相关者与你的团队也一样，都需要成绩证明。当然，这不是毫无道理的。没有任何新策略不含风险，你的利益相关者也需要理由相信，他们支持你的计划（或支持你）是对的。

但是，前期成绩证明之所以如此重要，是因为它能提供情绪支持。如果你清楚地描绘了业务蓝图，并提供了人们应该支持这种改变的理由，那么，在你自己的团队和更广泛的利益相关者群体中会产生两种强大的情绪——兴奋和恐惧。

之所以感到兴奋是因为每个人都希望参与成功的变革过程，而且很可能在你制订计划之时，许多人就能直观地意识到现状并不能阻止变革。

感到恐惧是因为只有为数不多的计划能奏效，而且没人愿意支持一堆空头文件。

当变革的苗头出现时，从兴奋和恐惧的混合中释放出来的激情和动力是非常强大的。它不仅会为计划的下一阶段赢得支持，还会让你发现人们希望能更多地参与其中，分享自己的想法，并积极地帮助推动计划实施。

> 通过采取措施寻找、分享和庆祝成功的势头，你可以有效地深化群众基础，巩固地位，这可以为新策略的实施提供进一步的动力。

☑ 小结

我们从第一部分开始，通过放眼全球，了解世界的变化，着眼于消费者不断变化的需求，以及紧盯进入市场的新秀，开始制定我们的新常态策略。

然后，我们第二部分的大部分内容，是将目光转向内部，关注自己的业务、员工、系统、技能和知识甚至自己本身。

因此，在第二部分的关键最后一章，我们开始关注从财务和其他方面已经投资的利益相关者，基于我们当下拥有的业务，考虑我们将要发展的业务，理清哪些利益相关者是至关重要的支持者。

认真考虑每个利益相关者群体，为他们制订直接的、诚实的参与计划，建立支持自己重塑零售业务计划的联盟。首先要得到一些利益相关者的认可，让他们批准我们的计划，随后我们不断分享成功的势头，动员利益相关者积极参与其中，从他们自己的角度看见我们的成功。

这并不是说我们不能向利益相关者汇报困难。肯定会有一些利益相关者会在变革的过程中退出视线，当我们以不同的方式使用实体店或者有技术更新时，这种情况尤甚。但是，不尝试改变的后果可能更糟，对他们也是这样，因此我们仍有可能赢得他们的支持。

沿着本书的脉络，我们已经走了很长一段路，涵盖了诸多方面。现在，让我们再次回顾起点和整段旅程。

在本书的引言部分，我描述了一次漫长的会议，会议上我试图挽救一个未能迅速拥抱变革的零售品牌，直到深夜我才走出会议室。近年来，它不幸的经历多次被很多其他管理团队当作反面教材。

在这种压力下，我们自然会在业务之外寻找原因。实际上，新常态对社会、政府及企业领导者都发起了挑战，如不灵活的资产合同、零售企业要支付而互联网初创企业无须支付的业务费率、巧妙地被减少的税（因为某些国际企业没有实体店）等。如果需要重塑零售业务，所有这些话题都值得花时间讨论。

但是，这还远远不够。可以肯定的是，让零售企业的商业和金融更轻松，肯定会有所帮助，但这本身并不是新常态所要求的改变。

这就是我们为什么要重塑零售业务。通过了解新常态对消费者以及对我们自己业务的影响，不仅可以恢复元气，还可以重新制订计划。让员工在业务线上全方位地参与，为组织带来新的知识和技术，围绕面向消费者和变化的KPI，激发员工的热情和动力，制定一个明确的策略来实现这些。

我希望《重塑零售：解锁新常态下的销售与盈利策略》这本书

能够帮助你实现这一目标。通过对品牌、定价策略、消费者沟通方式和赋能员工等方面进行多角度思考，最终你将创造属于自己的新篇章。

本书不是，也永远不可能是一步接着一步的"可供删节和保留"指南，逐页依葫芦画瓢的方式不可取。相反，本书为读者提供了精神食粮和灵感养分，让你和你的团队思考可以为自己的业务和市场搭建的理想策略。

在学习第一部分时，希望你特别注意行动方案部分。它们分别代表了一个主题的窗口，该主题可以在你制定策略时发挥重要作用。它们全部来自我在一项或多项业务中的实战经验，尽管不一定所有的行动方案与每项业务都相关，但我相信其中一些肯定值得你深度阅读。

执行从第一部分得出的策略，可能需要你削减或以其他方式大刀阔斧地改变实体店。这肯定会迫使你从第一条原则开始思考：在新常态下实体店存在的必要性，以及它能为消费者带来的价值。

同样，在制定策略的过程中，你对数字化的看法会有所改观。一个普通的网站是否能列出所有产品并支持自助结账功能，还是你需要在产品清单旁边提供其他内容？你是否正确地利用了社交媒体和其他更丰富的方式维护消费者关系？

第一部分还鼓励你从多层面分析消费者。他们的需求是如何变化的？他们如何看待你的产品类别和品牌？你如何知道他们的需求并了解他们？你可以使用何种方法获取真实的消费者体验和反馈？你对消费者做过什么调研，有什么了解？如何利用消费者的相关数据来击败竞争对手？

所有这些提到或没提到的问题，都可以成为你重塑计划的重要组成部分。差异化的定价、每种与消费者建立联系的方式、每笔达成的交易和每次赢取消费者满意的机会，在新常态下，比以往任何时候都显得更为重要。如果说当今世界上没有什么说法是绝对正确的，那么我可以断言，消费者拥有更多选择的权利是绝对正确的。

要做的事情还有很多，你为重塑零售业务制订的计划可能包含激进的措施，可能有棘手的问题亟待解决，你也可能为此付出昂贵的代价。这就是本书第二部分的重要性所在，它能让你的计划不再流于纸面，使之具体落地，这才是所有工作中最大的挑战，你还需要学习领导力类图书中的其他技巧才能实现目标。我希望在第二部分中，我提出的方法和技巧能帮助你实现这一目标。就像第一部分中的行动方案一样，第二部分中的所有建议也都来自我亲身实践或见证的一手经验，它们确实可以帮助你改进业务。

零售行业的人，不管是行业的领导者，还是咨询顾问，抑或者是投资人，都应该迎接新常态给行业带来的挑战。我们要带领许多拥有数十年商业实践经验的业内精英，为他们在未来几十年的成长和零售行业的繁荣发展做好长久准备。

在这次伟大的冒险中，祝你一切顺利。当你偶然发现自己凌晨两点身处某条街道，思考该如何回家时，我希望这是因为你刚参加完团队的庆功宴。因为重塑了零售业务的发展方式，被互联网巨头认可并建立了宝贵的客户关系，你抱得奖项归，收获名与利。我希望看到这一天，为你喝彩，加油！